파이썬과 비교하며 배우는

러스트
프로그래밍

파이썬과 비교하며 배우는 러스트 프로그래밍

ⓒ 2024. 윤인도 All rights reserved.

1판 1쇄 발행 2024년 5월 31일

지은이 윤인도
펴낸이 장성두
펴낸곳 주식회사 제이펍

출판신고 2009년 11월 10일 제406-2009-000087호
주소 경기도 파주시 회동길 159 3층 / **전화** 070-8201-9010 / **팩스** 02-6280-0405
홈페이지 www.jpub.kr / **투고** submit@jpub.kr / **독자문의** help@jpub.kr / **교재문의** textbook@jpub.kr

소통기획부 김정준, 이상복, 안수정, 박재인, 송영화, 김은미, 배인혜, 권유라, 나준섭
소통지원부 민지환, 이승환, 김정미, 서세원 / **디자인부** 이민숙, 최병찬

기획 및 진행 권유라 / **교정 · 교열** 조서희 / **내지 디자인** 이민숙 / **내지 편집** 북아이 / **표지 디자인** nu:n
용지 에스에이치페이퍼 / **인쇄** 한승문화사 / **제본** 일진제책사

ISBN 979-11-93926-22-2 (93000)
책값은 뒤표지에 있습니다.

제이펍은 여러분의 아이디어와 원고를 기다리고 있습니다. 책으로 펴내고자 하는 아이디어나 원고가 있는 분께서는
책의 간단한 개요와 차례, 구성과 지은이/옮긴이 약력 등을 메일(submit@jpub.kr)로 보내주세요.

파이썬과 비교하며 배우는

러스트 프로그래밍

윤인도 지음

가장 사랑받는 언어
러스트를 배우는 가장 확실한 방법

Jpub
제이펍

차 례

CHAPTER 1 러스트 시작하기   1

CHAPTER 2 변수와 상수   18

추천사 _____

강력한 시스템 프로그래밍 언어라고 해서 꼭 어렵고 힘들게 익혀야 할까요? 이 책과 함께라면 더이상 그럴 필요가 없습니다. 파이썬을 익히는 데 어려움이 없었다면 러스트도 문제없이 배울 수 있다는 자신감을 주거든요. 《러스트 프로그래밍 공식 가이드》도 어렵게 느껴진다면 이 책이 답입니다. 러스트에 겁먹고 있는 동료들에게 추천하고 싶은 책입니다!

조성만, 《프로그래밍 러스트(개정판)》 역자, 엔씨소프트 소프트웨어 엔지니어

러스트에 대한 다양한 궁금증들에 대해 답을 제시하고, 실전 문제해결을 위한 접근법에 이르기까지 친절한 설명으로 가득한 러스트 교과서입니다. 파이썬과의 비교를 통해 좀 더 쉽게 러스트에 다가설 수 있도록 함으로써, 러스트를 배우고 싶었던 개발자들에게 좋은 길잡이가 되어주리라고 확신합니다.

이원희, 삼성전자 MX사업부 수석연구원

강찬석(LG전자)

프로그래밍에 필요한 러스트 문법을 빠르게 익힐 수 있었습니다. 파이썬에 익숙한 개발자라면 파이썬과 러스트 코드를 비교해서 프로그램을 러스트로 구현하는 방법을 쉽게 배울 수 있을 것입니다.

김태웅(클라크스퀘어)

C++의 대체 언어로 많은 주목을 받고 있는 러스트입니다. 빠른 속도와 안정성, 보안성 등의 장점이 있는 러스트는 여러 IT 대기업과 개발자가 연구하고 있어, 앞으로 더욱 많은 레퍼런스를 형성하고 유망한 언어가 될 것이라 생각이 드네요. 베타리딩 과정에서 러스트 실습을 해보았는데, 크게 이해하기 어려운 부분 없이 개념을 정확하게 잡을 수 있어 좋았어요! 러스트의 가능성에 관심이 있는 분들께 추천합니다.

박수빈(엔씨소프트)

파이썬과 같이 익숙한 하나의 언어를 기준으로 새로운 언어를 배우는 것은 한국어 선생님께 영어를 배우는 것과 같습니다. 러스트를 러스트답게 배우는 데는 적합하지 않을 수 있지만, 쉽게 이해할 수 있기 때문에 중도에 포기하지 않고 빠르게 익히는 데 도움이 되리라 생각합니다. 러스트를 쉽게 배우고 싶다면 이 책이 좋은 가이드가 될 것입니다.

사지원(카카오모빌리티)

한 권으로 끝내는 러스트 프로그래밍 언어! 프로그래밍 언어 자체를 처음 배우는 사람에게는 다소 어렵게 느껴질 수 있지만, 파이썬 언어를 알고 있다면 충분히 쉽게 배울 수 있는 책입니다.

 이석곤(아이알컴퍼니)

러스트와 파이썬은 서로 다른 철학과 특징이 있어, 두 언어를 비교하면서 익히면 다양한 관점에서 개발자에게 도움이 됩니다. 이 책은 두 언어의 문법, 데이터 타입, 함수, 모듈 등을 자세히 다루고 있으며, 언어의 장단점과 사용 사례를 비교해 파이썬 개발자가 러스트로 전향하는 데 필요한 정보를 제공합니다. 러스트를 배움으로써 프로그래밍 역량을 향상시킬 수 있으며, 더 안전하고 효율적인 소프트웨어를 개발할 수 있을 것입니다.

 정태일(삼성SDS)

개인적으로 생소했던 러스트라는 언어가 빠른 연산 속도와 성능으로 많은 개발자에게 사랑받고 있음을 알게 됐고, 파이썬 코드와 러스트를 비교하며 러스트의 기능과 특징들을 어렵지 않게 배울 수 있었습니다. 파이썬 프로그램의 성능 개선을 고민 중이거나 고성능 멀티스레딩 프로그램을 구현하고자 하는 분들께 추천합니다.

 정현준(AtlasLabs)

러스트가 막연히 어렵다고 생각했는데(실제로 어려운 면도 있지만), 동일하게 작동하는 파이썬과 비교하며 러스트 코드를 설명해 생각보다 훨씬 쉽게 따라갈 수 있었습니다. 러스트를 배우고 싶어 하는 사람은 많지만 어렵다는 이야기 때문에 주저하는 분이 많을 텐데, 그 문턱을 매우 많이 낮춰 줄 수 있는 책이라고 생각합니다.

제이펍은 책에 대한 애정과 기술에 대한 열정이 뜨거운 베타리더의 도움으로
출간되는 모든 IT 전문서에 사전 검증을 시행하고 있습니다.

이 책은 러스트와 파이썬의 비교를 통해 러스트를 배우는 것에 초점을 맞춘 책입니다. 파이썬은 간결한 문법 덕분에 널리 사랑받는 언어로, 데이터 분석, 딥러닝, 자동화 등 다양한 분야에서 사용되고 있습니다. 반면, 러스트는 메모리와 스레드 안전성을 갖추면서 고성능 프로그램을 만드는 것을 목표로 합니다. 러스트는 강력한 성능을 가진 프로그램을 구현할 수 있기 때문에 주로 네트워크와 시스템 프로그래밍 분야에서 사용되고 있지만, 점차 그 분야가 넓어지고 있습니다. 실제로도 파이썬 패키지나 자바스크립트 패키지 등을 러스트로 대체하려는 분야가 많아지고 있고 앞으로도 이 추세가 계속될 것입니다.

이 책은 파이썬과 러스트의 차이점과 유사점을 비교하면서 파이썬의 개념을 러스트에 적용해 러스트를 이해해봅니다. 이 과정에서 러스트 언어를 좀 더 쉽게 이해할 수 있으며, 파이썬에서 경험하지 못한 러스트의 특성을 배울 수 있습니다.

파이썬의 기본적인 문법에 익숙한 독자라면 러스트를 쉽게 배우는 데 도움이 될 것이며, 파이썬을 잘 모르더라도 친절한 설명을 통해 핵심 개념을 이해하는 데 어려움이 없도록 최대한 자세히 쓰려고 노력했습니다.

러스트를 배우는 여정에 도움이 되는 책이 되기를 바랍니다.

끝으로 무조건적인 사랑과 지지를 전해준 아내에게 이 책을 바칩니다.

윤인도 드림

이 책에 대하여 _____

대상 독자

이 책은 다음과 같은 독자를 위해서 썼습니다.

● 다른 언어를 배운 적이 있는 초보 프로그래머

다른 프로그래밍 언어를 통해 프로그래밍 언어의 기본적인 개념을 알고 있다면 러스트의 기본 개념도 빠르게 익힐 수 있습니다. 책의 예제 코드를 따라 하나하나 타이핑하면서 문법에 익숙해지기를 권합니다.

● 파이썬 전문가

러스트의 문법은 의외로 파이썬과 비슷한 점이 많습니다. 러스트의 핵심적인 개념인 소유권과 라이프타임을 자세히 읽어보기 바라며, 나머지 부분은 빠르게 학습하셔도 됩니다.

● 현업에서 러스트를 사용하는 프로그래머

다른 언어와의 비교를 통해 공부하는 것이 내가 미처 몰랐던 부분을 밝혀주는 등대와 같은 역할을 할 때가 있습니다. 이 책을 통해 러스트 스킬이 더욱 단단해지기를 바랍니다.

책의 구성

- **1장** : 러스트를 배워야 하는 이유와 실무에서 러스트를 적극적으로 활용한 사례를 알아봅니다. 책의 코드를 함께 실행할 수 있는 환경을 차근차근 구축해봅니다.

- **2장**: 변수를 선언하는 방법과 타입 시스템을 알아봅니다.

- **3장**: 함수와 클로저를 정의하는 방법과 매크로는 무엇인지를 학습합니다.

- **4장**: 논리적 분기를 만들거나 특정 코드를 반복하는 if, for와 같은 흐름 제어문을 배웁니다.

- **5장**: 러스트에서 가장 중요한 개념 중 하나인 소유권을 배웁니다.

- **6장**: 러스트 내장 자료형과 함수형 프로그래밍에서 중요한 요소인 이터레이터를 배웁니다.

- **7장**: 파이썬에서 클래스를 사용한 객체 지향 방식과 러스트에서 구조체를 사용한 방식을 비교해봅니다.

- **8장**: 코드가 길어지고 복잡해질 때 프로젝트를 모듈화하는 방법을 학습합니다.

- **9장**: 제네릭과 트레이트로 코드를 추상화하는 방법과 러스트에서 라이프타임을 사용해 변수의 범위를 제한하는 방법을 살펴봅니다.

- **10장**: 안정적인 프로그램을 만들기 위한 필수 요소인 에러 처리 방법과 디버깅을 위한 필수 요소인 로깅 방법을 알아봅니다.

- **11장**: 스마트 포인터를 통해 힙 메모리 공간을 안전하게 사용할 수 있는 방법을 살펴봅니다.

- **12장**: 저수준 프로그래밍에서 가장 어려운 문제 중 하나인 멀티스레딩을 효율적이고 안전하게 수행하는 방법을 살펴봅니다.

- **13장**: 모던 컴퓨팅에서 중요한 주제 중 하나인 비동기 프로그래밍을 알아봅니다.

- **14장**: 단위 테스트와 문서 테스트를 수행하는 방법을 살펴봅니다.

- **15장**: 러스트 코드를 파이썬에서 실행해서 GIL을 우회하고 빠른 연산 속도를 얻는 방법을 설명합니다.

## CHAPTER 1

러스트 시작하기

1.1 가장 사랑받는 언어, 러스트

```python
print("Hello, Pythonista!")
```

```rust
fn main() {
    println!("Hello, Rustacean!");
}
```

파이썬은 최근 가장 인기가 높은 언어 중 하나입니다. 간결한 문법과 범용성 덕분에 서버 개발부터 딥러닝 모델 개발까지 다양한 분야에서 사용되고 있습니다. 그렇지만 파이썬은 개발할 때 생산성을 높이기 위해 코드 실행 속도를 일정 부분 포기한 언어이기도 합니다. 특히 파이썬의 태생적 한계인 **GIL**global interpreter lock(여러 스레드가 파이썬 코드를 동시에 실행하지 못하도록 파이썬 객체들에 접근을 못하게 하는 뮤텍스mutex)로 인해 빠른 연산이 필요한 작업이나 멀티스레딩 프로그램에서 좋은 성능을 내기 어려운 단점이 있습니다.

러스트는 간결한 문법 덕분에 빠르게 개발할 수 있으면서도 동시에 C/C++의 99%에 가까운 성능을 갖고 있어서 빠른 연산 속도가 필요한 분야에서 주목받고 있습니다. 2023년 스택오버플로 개발자 설문조사의 '가장 사랑받는 언어'에서 러스트는 84.66%라는 높은 비율과 함께 1위로 선정됐습니다.[1] 참고로, 러스트는 현재 8년 연속 '가장 사랑받는 언어' 1위 자리를 지키고 있습니다.

국내에서도 2023 프로그래머스 설문조사에 따르면 러스트는 배우고 싶은 언어 중 8.4% 비율로 6위를 차지해 상위권에 속해 있습니다(프런트엔드 개발자는 러스트를 배우고 싶은 언어 2위로 꼽았습니다).[2]

1.2 파이썬 개발자가 러스트를 배워야 하는 이유

러스트를 배우고 싶어 하는 이유는 무엇일까요? 파이썬 개발자들이 러스트를 따로 배워야 하는 이유는 무엇일까요? 두 질문의 답변을 대신할 러스트의 장점 세 가지를 알아봅니다.

파이썬의 연산 속도를 개선한다

CPU 연산이 많이 필요한 코드를 러스트로 교체하면 빠르게 작동하는 프로그램을 만들 수 있습니다.

파이썬은 빠르게 코드를 작성할 수 있지만, 인터프리터 언어이기 때문에 다른 컴파일 언어에 비해서 속도가 느릴 수밖에 없습니다. 이런 이유에서 많은 계산이 필요한 데이터 분석이나 수치계산 분야에서는 이미 널리 쓰이는 pandas나 numpy와 같은 라이브러리가 C++로 작성돼 있습니다. 같은 원리로 파이썬 코드에서 병목현상이 발생하는 부분을 러스트로 파이썬 함수나 패키지를 만들면 성능이 비약적으로 좋아집니다.

> **NOTE**
> 러스트와 자주 비교되는 언어는 고Go입니다. 러스트에는 가비지 컬렉터가 없어서 고에 비해 훨씬 좋은 성능을 낸다는 특징이 있습니다.

멀티스레딩 구현이 훨씬 쉽다

파이썬에서 멀티스레딩 프로그램을 구현할 때 가장 많이 겪는 문제가 스레드 경합 조건race condition입니다. 러스트는 독특한 타입 시스템type system과 소유권ownership 모델을 갖고 있습니다. 덕분에 코드가 컴파일될 때 발생할 수 있는 메모리 혹은 스레드 문제를 미리 찾아낼 수 있어 훨씬 안정적인 프로그램을 만들 수 있습니다.

특히 파이썬은 GIL 때문에 멀티스레딩이라 하더라도 한 번에 단 하나의 코어만 사용합니다. 하지만

---

1 https://survey.stackoverflow.co/2023/#technology-admired-and-desired
2 https://programmers.co.kr/pages/2023-dev-survey

러스트를 사용하면 GIL 락이 걸린 순간에도 여러 스레드를 사용해 더 빨리 계산할 수 있습니다.

개발 도구가 매우 편리하다

러스트는 언어 입문서와 예제 모음집이 공식적으로 제공됩니다. 매우 '친절한' 컴파일러가 있어서, 컴파일할 때 생기는 오류에 대처할 수 있는 적절한 해결책을 제시해주기도 합니다. 러스트의 빌드 시스템은 cargo입니다. 러스트의 내장 패키지 매니저인 cargo 덕분에 빌드, 테스트, 의존성 관리 등이 매우 간편합니다. 또한 Visual Studio Code와 같은 통합 개발 환경integrated developement environment, IDE 지원이 잘 돼 있어 자동 완성autocomplete, 타입 검사, 포매팅formatting 등을 자연스럽게 사용할 수 있습니다.

이 세 가지 장점 덕분에 8년 연속 '가장 사랑받는 프로그래밍 언어' 1위를 차지한 러스트는 더 이상 파이썬 개발자에게 선택이 아닌 필수가 됐습니다.

1.3 파이썬과 러스트의 차이점

언어상의 차이

파이썬과 러스트의 언어상의 차이를 살펴보면 다음과 같습니다.

표 1-1 **파이썬과 러스트 비교**

파이썬	러스트
인터프리터 언어	컴파일 언어
강타입 언어이면서 동적 타입 언어	강타입 언어이면서 정적 타입 언어
메모리 관리에 가비지 컬렉터 사용	메모리 관리에 소유권 모델 사용
대부분 객체 지향 프로그래밍	명령형 프로그래밍
스타일 가이드가 유연함	명확한 스타일 가이드가 존재함

러스트는 컴파일 언어여서 파이썬과 달리 코드가 실행되기 전 컴파일 단계를 거쳐야 합니다. 컴파일 단계에서 오류와 버그 대부분을 잡아낼 수 있는데, 이런 특징이 오히려 러스트의 장점이 됩니다. 파이썬은 객체 지향 프로그래밍 언어이지만, 러스트는 명령형 프로그래밍 언어이기 때문에 파이썬과는 코드 작성 패턴이 조금 다릅니다. 이 책에서는 러스트 코드를 파이썬 코드와 비교하면서 설명하여 두 언어의 유사성과 차이점을 통해 더욱 쉽게 러스트를 배울 수 있습니다.

> **NOTE** **강타입 언어란?**
>
> 언어의 자료형 체계에서 강타입strong type, 약타입weak type이라는 용어가 자주 등장합니다. 이는 언어가 올바른 자료형을 가진 프로그램만을 실행할 수 있도록 하는지 나타냅니다. 서로 다른 타입의 변수, 즉 타입 검사를 통과하지 못한 채 계산을 수행한 모든 경우에 에러를 발생시켜, 프로그램 실행 자체를 막는다면 강타입 언어입니다.
>
> 예를 들어 자바스크립트는 약타입 언어로, 약타입 언어는 런타임에 에러가 발생해도 실행을 막지 않는다는 특징이 있습니다.

```
> console.log(1 + "2");
12
```

툴 비교

파이썬과 러스트의 기본 툴들을 비교한 내용을 표로 함께 살펴볼까요? 파이썬의 경우, pip를 제외한 툴은 일반적으로 별도 설치가 필요합니다. 하지만 러스트는 **cargo**라는 툴을 통해 대부분의 기능을 바로 사용할 수 있습니다. cargo는 크레이트crate라고 하는 패키지를 관리하는 도구이면서, 동시에 소스 코드를 컴파일하고 빌드하는 시스템 빌드 매니저 기능이 있는 빌드 시스템입니다. 표 1-2와 같이 cargo에는 포매터, 린트lint, 테스트, 문서화, 벤치마크 등의 기능이 내장돼 있습니다. 여기에 플러그인을 설치해서 더 다양하게 cargo를 사용할 수도 있습니다.

표 1-2 파이썬과 러스트의 기본 툴 비교

기능	파이썬	러스트
패키지 관리자	pip	cargo
포매터	black, yapf, autopep8	cargo fmt
린트	pylint, flake8	cargo clippy
테스트	pytest	cargo test
프로젝트 환경 관리	virtualenv, pipenv, pyenv, conda	cargo new
문서화	sphinx	cargo doc
벤치마크	cProfile, pyspy	cargo bench

cargo doc을 실행하면 그림 1-1과 같은 API 문서가 자동으로 생성됩니다. 이와 비슷한 경우로, 파이썬 문서를 생성해주는 패키지인 sphinx는 별도의 추가 설치뿐만 아니라 프로젝트별로 상세한 설정이 필요하다는 점을 생각해보면 이는 굉장히 편리한 기능입니다.

그림 1-1 serde 크레이트 공식 문서[3]

1.4 러스트의 경쟁 언어

앞에서 설명했듯이 러스트로 C/C++ 바인딩 함수나 패키지를 대신할 수 있습니다. 그렇다면 C/C++로 직접 프로그램을 만들거나 다른 비슷한 언어를 사용하지 않는 이유는 무엇일까요? 일단 C/C++은 배우기가 매우 어려운 언어로 유명합니다. 숙련된 개발자가 아니라면, 메모리 안정성과 스레드 안전성을 생각하며 C/C++로 프로그램을 만드는 자체가 굉장히 어려워 C/C++과 비슷한 성능을 낼 수 있는 모던 프로그래밍 언어가 훨씬 각광받고 있습니다.

---

3 https://docs.rs/serde_v8/0.49.0/serde_v8/

러스트와 경쟁 관계에 있는 비슷한 언어의 특징을 표 1-3에 정리했습니다. 애플의 스위프트Swift는 컴파일 언어이며, 높은 생산성과 성능을 자랑하지만 주로 iOS 앱 개발에만 사용됩니다. 고Go는 높은 생산성과 비교적 빠른 성능을 갖고 있어서 주로 네트워크/서버 분야에 많이 사용됩니다. 고는 메모리가 완전히 안전하지 않으며, 컴파일 타임에 오류를 감지하지 못할 때가 많아 안정성이 떨어집니다. 또한 **가비지 컬렉션**garbage collection을 사용하기 때문에 러스트에 비해 성능이 떨어지는 단점이 있습니다. 이런 이유로 빠른 성능과 메모리 안정성을 필요할 때 러스트가 최고의 선택지가 됩니다.

표 1-3 러스트와 경쟁하는 언어들

	스위프트	고	러스트
개발	애플	구글	모질라
주요 사용처	iOS, iPadOs, macOS 애플리케이션	네트워크 및 서버 프레임워크/애플리케이션	CPU 사용량이 많은 애플리케이션 혹은 시스템 소프트웨어
메모리 안전성	메모리 누수 문제가 아직 해결되지 않음	goroutine 사용 시 잠재적인 메모리 누수 발생 가능	메모리 안전성 보장

1.5 러스트로 뭘 할 수 있나요?

러스트는 현재 다양한 분야에서 널리 사용되고 있습니다. 러스트 공식 문서에 설명에 따르면, 네 분야에서 가장 많이 사용됩니다.

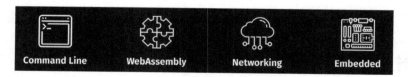

그림 1-2 **러스트의 대표 분야**

시스템 소프트웨어의 명령줄 인터페이스, 즉 **CLI**command line interface를 만들거나 고성능 네트워크가 필요한 분야에서 사용되고 있습니다. 러스트의 높은 성능 때문에 웹어셈블리WebAssembly를 지원하는 프로그래밍 언어 중에서 인기리에 사용 중입니다. 하드웨어의 CPU나 메모리가 매우 제한적인 임베디드 분야에서는 전통적으로 C/C++가 가장 많이 사용됐는데 기존에 C/C++로 작성하던 코드를 러스트로 마이그레이션해 생산성과 안정성을 대폭 향상시킨 사례가 많이 보고되고 있습니다.

그림 1-3 솔라나 프로젝트

가장 유명한 러스트 프로젝트로는 암호화폐 **솔라나**Solana[4]가 있습니다. '세계에서 가장 빠른 블록체인'이라는 표어가 보여주듯이 러스트의 성능과 안정성을 잘 이용하고 있는 프로젝트입니다. 솔라나를 이용해 NFT, DeFi 등 다양한 프로젝트가 이어지는 추세로 솔라나는 러스트 생태계에 큰 역할을 하고 있습니다.

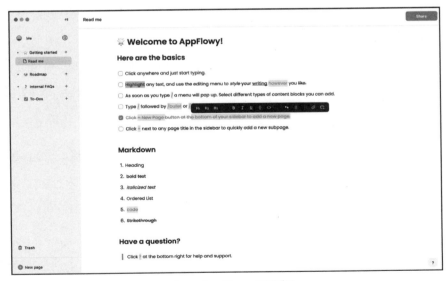

그림 1-4 AppFlowy 프로젝트

---

4 https://github.com/solana-labs/solana

웹 애플리케이션의 백엔드로 러스트가 사용되기도 합니다. AppFlowy[5]는 러스트로 작성된 노션 Notion 대체제로 온라인에서 문서를 작성하고 협업할 수 있는 오픈 소스 도구입니다.

러스트로 모바일 게임을 제작할 수도 있습니다. 가장 유명한 프로젝트로는 Bevy[6]가 있습니다. Bevy는 러스트 기반 게임 엔진이며, Bevy로 브라우저에서 게임을 실행하거나 안드로이드, iOS 등 모바일 앱으로 게임을 만들 수도 있습니다.

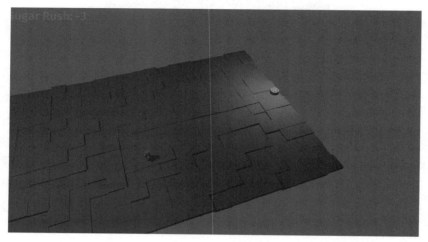

그림 1-5 **Bevy 프로젝트**

러스트 실제 사용 사례

러스트는 실제 산업 전반에서 다양하게 사용되고 있습니다. 특히 빠른 계산 성능이 필요한 복잡한 프로그램에서 진가를 발휘 중입니다. 여러 유명 IT 회사에서의 실제 사용 사례를 소개합니다.

드롭박스

드롭박스Dropbox[7]는 클라우드 스토리지 서비스로, 로컬 컴퓨터에 있는 데이터를 원격 클라우드에 빠르게 동기화하는 기능이 핵심입니다. 기존에 C++로 작성된 동기화 로직을 러스트로 재작성했다고 합니다.

---

5 https://github.com/AppFlowy-IO/appflowy
6 https://github.com/bevyengine/bevy
7 https://dropbox.tech/infrastructure/rewriting-the-heart-of-our-sync-engine

피그마

피그마Figma[8]는 UI 프로토타입을 제작할
수 있는 도구입니다. 웹 기반으로 작동하
기 때문에 화면에 결과를 빠르게 보여주
는 것이 중요합니다. 기존의 타입스크립트
서버를 러스트로 재작성한 결과, 성능이
눈에 띄게 향상됐습니다.

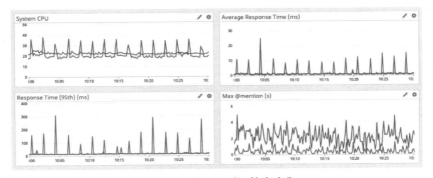

Metric	Old server		New server	Improvement
Peak average per-worker memory usage	4.2gb	→	1.1gb	3.8x smaller
Peak average per-machine CPU usage	24%	→	4%	6x smaller
Peak average file serve time	2s	→	0.2s	10x faster
Peak worst-case save time	82s	→	5s	16.4x faster

그림 1-6 피그마 성능 향상 사례

npm

npm[9]은 Node.js의 패키지 저장소로, 노드 패키지를 다운로드하려면 반드시 거쳐야 하는 서비스입
니다. 레지스트리 서비스registry service의 병목현상을 해결하기 위해 다양한 프로그래밍 언어를 고
려했다고 합니다. Node.js, 고, 러스트로 실제로 구현해본 결과, 러스트가 채택됐습니다.

디스코드

디스코드Discord[10]는 기존에 고로 작성된 백엔드 서비스에서 간헐적으로 성능이 하락되는 현상이 발
생하는 것을 발견했습니다. 그림 1-7의 그래프에서 보라색이 고 구현체입니다(QR 코드 참고). 주기적
으로 CPU 피크가 생겨, 응답 시간에도 피크가 발생함을 알 수 있습니다. 이는 고의 가비지 컬렉터
때문인데 러스트로 재작성된 후에는 CPU 사용량이 안정화되고 응답 시간이 훨씬 짧아졌습니다.

그림 1-7 디스코드 성능 향상 사례

---

8 https://blog.figma.com/rust-in-production-at-figma-e10a0ec31929
9 https://www.rust-lang.org/static/pdfs/Rust-npm-Whitepaper.pdf
10 https://discord.com/blog/why-discord-is-switching-from-go-to-rust

이 외에도 다양한 기업에서 러스트를 도입해 사용하고 있습니다.

- 페이스북에서는 백엔드 서버를 작성하는 언어 중 하나로 러스트를 채택했습니다.
- 러스트의 후원 재단인 모질라에서 개발하는 파이어폭스 브라우저의 엔진인 Servo 엔진은 러스트로 작성됐습니다.
- Next.js의 컴파일 엔진은 러스트로 재작성됐습니다.
- 아마존 웹 서비스Amazon Web Service, AWS의 AWS 람다AWS Lamda에서 컨테이너는 FireCracker라는 러스트 툴에서 실행됩니다.
- 실시간 로그 취합 및 분석 도구이자 모니터링 플랫폼인 Sentry도 파이썬의 낮은 퍼포먼스 때문에 러스트를 도입해 문제를 해결했습니다.

1.6 러스트 개발 환경 설정하기

러스트로 코드를 작성하기 위해 필요한 도구를 설치해야 합니다. 운영체제별로 설치 방법이 조금씩 다르므로 자신의 환경에 맞춰 설치하기를 권합니다.

러스트 툴체인 설치하기

러스트 언어를 컴파일해주는 컴파일러와 시스템 매니저인 `cargo`를 설치합니다. 두 가지 도구는 `rustup`이라는 툴체인에 포함돼 있어서 rustup만 설치하면 됩니다. 공식 홈페이지 https://rustup.rs/#에 접속하면 운영체제별 설치 방법을 볼 수 있습니다.

macOS 및 리눅스

macOS나 리눅스 사용자는 다음 명령어를 통해 간단히 설치 가능합니다.

```
$ curl --proto '=https' --tlsv1.2 https://sh.rustup.rs -sSf | sh
```

윈도우

윈도우 사용자라면 홈페이지에서 32비트나 64비트 설치 파일을 내려받습니다.

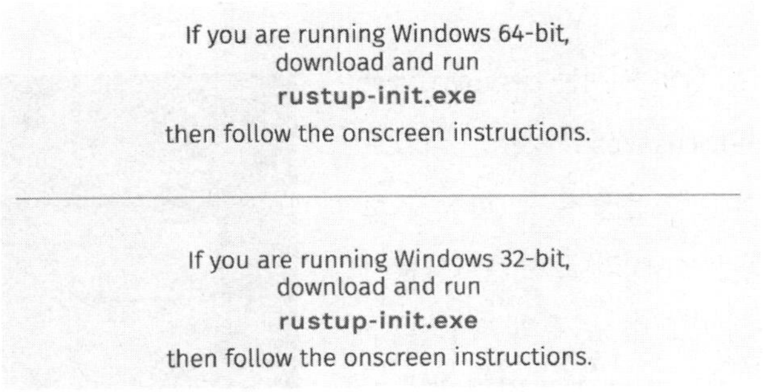

If you are running Windows 64-bit,
download and run
rustup-init.exe
then follow the onscreen instructions.

If you are running Windows 32-bit,
download and run
rustup-init.exe
then follow the onscreen instructions.

그림 1-8 윈도우 러스트 설치 파일 다운로드

Visual Studio Code 설치 및 설정하기

이 책에서는 통합 개발 환경으로 Visual Studio Code(이하 VSCode)를 사용합니다. 러스트에서 제공하는 컴파일, 디버깅, 언어 서버 등의 기능을 쉽고 편리하게 사용할 수 있기 때문에 **VSCode** 사용을 추천합니다.

VSCode 설치

VSCode 다운로드 페이지[11]로 이동해 운영체제에 맞는 설치 파일을 내려받고 설치를 진행합니다.

그림 1-9 Visual Studio Code 다운로드

---

11 https://code.visualstudio.com/download

확장 프로그램 설치

VSCode를 실행합니다. VSCode에서는 rust-analyzer 하나만 설치하면 됩니다. rust-analyzer는 러스트 코드를 작성하는 데 많은 도움을 주는 확장 프로그램입니다. 코드 자동완성, 에러 표시, 관련 문서 표시 등 다양한 기능이 있으며, 변수의 타입을 추측해 화면에 표시하는 기능이 매우 탁월합니다. 자세한 내용은 소스 코드를 작성할 때 다시 살펴보겠습니다.

그림 1-10과 같이 화면 왼쪽의 블록 모양 버튼을 누른 다음, rust-analyzer를 검색합니다. 검색 목록에서 첫 번째에 나오는 확장 프로그램을 설치합니다.

그림 1-10 rust-analyzer 확장 프로그램 설치

프로젝트 생성하기

프로그래밍에서는 프로젝트를 항상 폴더 단위로 관리합니다. 새 프로젝트를 하나 생성합니다

그림 1-11과 같이 VSCode의 상단 메뉴에서 [파일] – [폴더 열기]를 클릭합니다. 폴더를 새로 생성하고 해당 폴더를 선택합니다. 창이 새로고침되고 빈 프로젝트 화면이 나타납니다.

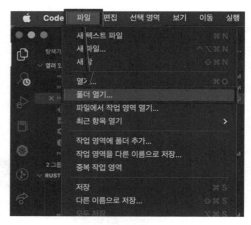

그림 1-11 폴더 열기

파이썬 폴더 만들기

파이썬 프로젝트와 러스트 프로젝트를 같은 폴더 밑에 만들어 두겠습니다. 현재 경로가 /code /temp/라고 했을 때, 하위 폴더로 python 폴더를 하나 생성합니다. 그리고 폴더에 파이썬 코드가 들어갈 main.py 모듈을 생성합니다. 현재 파일 구조는 다음과 같습니다.

```
.
└── python
    └── main.py
```

러스트 폴더 만들기

프로젝트를 만들겠습니다. 먼저 터미널을 열어볼 텐데요, 메뉴에서 [터미널]–[새 터미널]을 클릭하거나, 단축키 Ctrl + Shift + `를 입력합니다. 터미널에 cargo new <프로젝트명> 명령어를 입력해서 프로젝트 이름을 직접 설정할 수 있습니다. 이때, 하위 폴더가 해당 이름으로 만들어집니다. 현재 폴더 경로가 동일하게 /code/temp/라고 했을 때, 다음과 같이 실행해보겠습니다.

```
$ cargo new rust_part
```

현재 폴더 밑에 rust_part라는 폴더가 생기고 이 폴더에 파일이 생성됩니다. 현재 경로에서는 다음과 같이 두 개의 폴더가 존재합니다.

```
/code/temp $ ls
rust_part python
```

최종적으로 현재 폴더의 파일 구조는 다음과 같습니다.

```
.
├── rust_part
│   ├── Cargo.toml
│   └── src
└── python
    └── main.py
```

> **참고** **cargo init 사용하기**
>
> 조금 다른 방법으로 프로젝트를 만들 수도 있습니다. 터미널에서 빈 폴더에서 **cargo init**으로 프로젝트를 시작합니다. 현재 폴더에 러스트 프로젝트가 생성됩니다.
>
> ```
> $ cargo init
> ```
>
> 터미널에서 현재 경로가 /code/temp/라고 했을 때, cargo init을 수행하면 이 폴더가 프로젝트 폴더가 됩니다. 방금 파이썬 폴더를 새로 만들었기 때문에, 현재 폴더의 파일 목록을 출력하는 ls 명령어를 수행한 결과는 다음과 같습니다.

```
/code/temp $ ls
Cargo.toml src python
```

현재 폴더에서 cargo init으로 프로젝트를 생성할 때는 현재 폴더 이름이 프로젝트 이름이 됩니다. 이런 원리로 현재 생성된 프로젝트 이름은 temp가 되는데요, 프로젝트 이름을 확인하는 방법은 잠시 후에 Cargo.toml 파일을 설명하면서 알아봅니다.

러스트 폴더 구조

러스트의 프로젝트 폴더에는 다음과 같은 파일 구조가 만들어집니다.

```
.
├── Cargo.toml
└── src
    └── main.rs
```

Cargo.toml 파일은 프로젝트의 모든 설정값을 갖고 있는 파일입니다. 파일 구조를 살펴볼까요?

```
[package]
name = "rust_part"
version = "0.1.0"
edition = "2021"

# See more keys and their definitions at https://doc.rust-lang.org/cargo/reference/manifest.html

[dependencies]
```

- [package] 부분에는 현재 프로젝트의 이름과 버전, 러스트 에디션 버전이 있습니다. 러스트 에디션은 현재 연도보다 이전 연도가 있을 수도 있는데, 이는 러스트 버전의 호환성을 위해서 버전을 에디션으로 구분하고 있기 때문입니다.
- [dependencies]는 현재 프로젝트에서 설치하는 크레이트의 이름과 버전이 들어갑니다. 나중에 크레이트를 설치할 때 자세히 다루겠습니다.

src 폴더에 실제 러스트 소스 코드가 들어갑니다. 현재는 코드의 시작 지점entry point인 main.rs 파일만 있습니다. 해당 파일에는 main 함수가 있는데, main.rs가 컴파일되고 바이너리가 실행될 때 바로 main 함수가 실행됩니다. 따라서 반드시 main.rs 파일이 있어야 하고, main.rs 파일에 main 함수가 존재해야 코드가 컴파일되고 실행될 수 있습니다.

1.7 러스트 코드 실행하기

러스트 코드를 **컴파일**하고 실행하는 방법을 알아보겠습니다.

코드 컴파일하기

`main.rs` 파일에는 `main` 함수에 `"Hello, world!"` 문자열을 출력하는 `println!`만 있습니다.

```rust
fn main() {
    println!("Hello, world!");
}
```

코드를 컴파일하려면 `cargo build`를 사용합니다.

```
$ cargo build

Compiling rust_part v0.1.0 (/Users/code/temp)
 Finished dev [unoptimized + debuginfo] target(s) in 2.07s
```

러스트 폴더 밑에 **target**이라는 폴더가 생성되고, **target** 하위의 debug 폴더에는 **rust_part**라는 바이너리 파일이 있습니다.

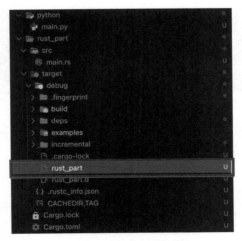

그림 1-12 바이너리 파일 경로

바이너리 파일을 실행하면 다음과 같이 출력됩니다.

```
$ ./target/debug/rust_part
Hello, world!
```

기본적으로 빌드는 디버그 모드로 수행됩니다. 디버그 모드는 좀 더 빨리 컴파일되지만, 프로그램의 실행 속도는 느려질 수 있습니다. 하지만 실제로 프로그램을 배포할 때는 컴파일 단계에서 코드를 최적화해줘야 성능을 제대로 사용할 수 있습니다. 따라서 프로그램을 배포할 때는 다음과 같이 --release 옵션을 추가로 사용합니다.

```
$ cargo build --release

Compiling notebook v0.1.0 (/Users/code/temp)
  Finished release [optimized] target(s) in 1.34s
```

이때 바이너리 파일이 target/release 폴더에 생성되는 점을 주의해야 합니다.

코드 실행하기

코드를 컴파일한 후 바이너리를 실행하는 방법을 소개했습니다. 그런데 컴파일 후 바이너리를 target 폴더에서 찾아서 실행하는 방법은 너무 번거롭습니다. 러스트에서는 cargo run 명령어로 컴파일과 바이너리 실행을 한 번에 할 수 있습니다.

```
$ cargo run
Compiling temp v0.1.0 (/Users/code/temp)
  Finished dev [unoptimized + debuginfo] target(s) in 4.55
    Running `target/debug/temp`
Hello, world!
```

명령어를 터미널에 입력하면, 먼저 코드가 컴파일되고 바이너리가 실행되는 것을 알 수 있습니다. 바이너리가 실행돼 Hello, world!가 터미널에 출력됩니다.

> **NOTE**
>
> cargo run 명령어를 사용했을 때, 기본적으로는 디버그 모드로 빌드됩니다. 릴리스 모드로 실행하고 싶다면 --release 옵션을 추가하면 릴리스 모드로 빌드 후 바이너리를 실행해줍니다.

rustfmt

러스트에는 내장 코드 포매터인 **rustfmt**가 설치돼 있습니다. VSCode에서는 단축키로 코드를 포맷할 수 있습니다. 윈도우나 리눅스는 Alt + Shift + F, 맥에서는 Option + Shift + F를 누르면 됩니다. 또는 터미널에서 rustfmt src/main.rs 명령어를 사용해도 됩니다.

다음 코드를 main.rs에 입력하고 단축키를 사용해 포맷해보겠습니다.

```rust
fn main(   ){
    println! (
        "Please run 'rustfmt!'"
    );
}
```

▶ 실행 결과

```rust
fn main() {
    println!("Please run 'rustfmt!'");
}
```

공백 간격, 줄 바꿈 등을 rustfmt가 알아서 처리해줍니다. 이처럼 러스트는 공식적인 공통 포매터가 있어서 어떤 러스트 프로젝트라도 일관성 있게 소스 코드를 관리할 수 있다는 장점이 있습니다.

현재 파일을 포함한 프로젝트의 전체 러스트 코드를 한꺼번에 포매팅하고 싶다면 다음 명령어를 사용합니다.

```
cargo fmt
```

2

변수와 상수

변수는 수학의 미지수와 비슷한 개념으로, 변수 이름에 값을 저장해뒀다가 꺼내서 사용할 수 있습니다. 이렇게 변수에 값을 넣는 과정을 할당_{assignment}이라고 합니다. 파이썬과 달리 러스트는 모든 변수에 타입이 반드시 필요하고, 변수의 타입은 코드 중간에 변경할 수 없습니다. 이 외에도 모든 변수는 기본적으로 값을 변경할 수 없다는 제약이 있습니다. 2장에서는 러스트의 변수에 왜 이런 제한사항이 있는지를 살펴보고 여러 가지 타입의 변수를 선언하고 사용하는 방법을 알아보겠습니다.

2.1 값 출력하기

앞으로 파이썬 코드와 러스트 코드를 동시에 실행해야 하기 때문에 VSCode 터미널의 분할 기능을 사용하면 편리합니다. 터미널을 연 다음, 그림 2-1과 같이 우측 상단의 '터미널 분할'을 클릭합니다.

그림 2-1 **터미널 분할 방법**

분할된 화면에서 하나는 파이썬 프로젝트를, 나머지는 러스트 프로젝트로 이동시키면 편리하게 코드를 실행할 수 있습니다.

그림 2-2 분할된 터미널

파이썬과 러스트에서 콘솔에 결과를 출력하는 방법을 먼저 설명하겠습니다(파이썬 설치 방법은 https://docs.python.org/ko/3/installing/index.html 참고).

파이썬에서는 모든 객체를 print 함수로 출력할 수 있습니다. 문자열 "Hello, world!"를 출력하는 예제는 다음과 같습니다. 문자열 외에도 숫자나 리스트, 딕셔너리 같은 자료형도 모두 출력 가능합니다.

▶ **파이썬**

```python
print("Hello, world!")
```

반면 러스트에서는 print 같은 편리한 함수 대신, 매크로macro를 사용해 값을 출력합니다. 매크로란 사전에 정의된 편리한 기능을 말하며 이름 뒤에 항상 !가 붙습니다. 여기서 사용할 매크로는 println!입니다. 매크로는 뒤에서 다시 자세히 설명하겠습니다.

러스트 코드는 각 줄의 끝에 세미콜론(;)이 붙습니다. 각 줄의 끝에 세미콜론이 없으면 컴파일 에러가 발생하니 주의해야 합니다. 위의 파이썬 예제와 똑같은 문자열 "Hello, world!"를 출력하는 코드는 다음과 같습니다.

▶ **러스트**

```rust
fn main() {
    println!("Hello, world!");
}
```

2.2 변수 선언

변수란 메모리에 값을 저장하기 위해 사용되는 개념입니다. 변수의 이름을 통해 메모리에 저장된 값을 참조해서 사용할 수 있습니다. 파이썬은 변수를 선언할 때 타입을 명시하지 않아도 되기 때문에 실숫값과 정숫값 모두 변수에 바로 할당이 가능합니다. 파이썬에서 변수 x와 y를 선언하고 실수 1.0과 정수 10을 각각 할당한 다음, f-string을 사용해 문자열을 만들어 두 변수의 값을 출력해보겠습니다. 1장에서 만든 main.py에 다음의 내용을 입력합니다.

▶ **파이썬**

```
x = 1.0
y = 10

print(f"x = {x}, y = {y}")
```

파이썬 코드를 실행하면 다음과 같은 결과가 나옵니다.

```
/code/temp/python $ python main.py
x = 1.0, y = 10
```

러스트에서는 let 키워드로 변수를 선언합니다. 그리고 타입을 : 뒤에 명시합니다.

▶ **러스트**

```
let x: i32 = 10;
```

대부분은 컴파일러가 타입을 추측하므로 명시적으로 타입을 표시하지 않아도 됩니다. 앞의 코드를 타입 없이 작성하면 다음과 같습니다.

▶ **러스트**

```
let x = 10;
```

방금 살펴본 파이썬 코드와 같은 기능을 하는 러스트 코드를 만들어봅니다. 다음 코드를 main.rs에 입력합니다. 여기서 prinln! 매크로에서는 문자열의 {} 자리에 변수가 순서대로 들어가 전체 문자열이 완성됩니다.

▶ **러스트**

```
fn main() {
    let x: f64 = 1.0;
    let y = 10;
```

```
    println!("x = {}, y = {}", x, y);
}
```

cargo run을 실행해 결과를 확인하면, 파이썬과 러스트 모두 같은 결과가 출력됩니다.

```
/code/temp/rust_part $ cargo run
x = 1, y = 10
```

> **NOTE**
> 실수 1.0을 f64 타입으로 선언했지만, 실제로는 변수 y와 같이 명시적으로 타입을 적지 않아도 컴파일이 됩니다.

2.3 작명 규칙

파이썬과 러스트의 **작명 규칙**은 비슷한 점이 많습니다. 대표적인 경우를 살펴보면 다음과 같습니다.

표 2-1 **파이썬과 러스트의 작명 규칙 비교**

이름	파이썬	러스트
변수	snake_case = 3	let snake_case = 3;
함수	def my_function	fn my_function
클래스/구조체	class MyClass	struct MyStruct
상수	SCREAMING_SNAKE_CASE = 1	const SCREAMING_SNAKE_CASE: i32 = 1;

변수와 함수는 둘 다 스네이크 표기법snake case을 사용합니다. 스네이크 표기법이란, 프로그래밍에서 파일, 변수, 함수 등 대상의 이름의 띄어쓰기를 언더바(_)로 하는 네이밍 컨벤션naming convention입니다. 변수명은 반드시 알파벳 소문자로만 시작해야 합니다.

파이썬의 클래스와 러스트 구조체는 파스칼 표기법Pascal case을 사용합니다. 파스칼 표기법은 첫 글자는 대문자로 시작하고, 대문자로 단어를 구분하는 작명법입니다.

상수constant는 파이썬이나 러스트 모두 스크리밍 스네이크 표기법screaming snake case을 사용합니다. 모든 알파벳이 대문자고, 단어 구분을 언더바로 합니다(예: SCREAMING_SNAKE_CASE). 단, 러스트의 상수는 변수와 달리 타입을 생략할 수 없어서 선언할 때 반드시 타입을 명시해야 합니다.

2.4 불변성

파이썬에서는 변수를 선언한 후 매우 자유롭게 다른 값을 넣을 수 있습니다. 변수의 타입도 상관없이 새로운 값을 마음대로 넣을 수 있습니다.

▶ **파이썬**

```python
x = 1
x = "2"
x = 3.141592
```

러스트에서는 조금 다릅니다. 러스트에서 변수를 다룰 때, 파이썬에는 없는 두 가지 개념인 불변성이 있습니다. 러스트의 모든 변수는 기본적으로 **불변**immutable합니다. 가령, 다음 코드와 같이 let 키워드로 변수를 선언하고, 해당 변수의 값을 바꾸려고 한다면 컴파일이 되지 않습니다.

▶ **러스트**

```rust
fn main() {
    let x = 1;
    x = 2; // won't compile!
    println!("{}", x);
}
```

위의 코드를 실행하면 다음과 같은 에러가 발생합니다.

```
error[E0384]: cannot assign twice to immutable variable `x`
 --> src/main.rs:3:5
  |
2 |     let x = 1;
  |         -
  |         |
  |         first assignment to `x`
  |         help: consider making this binding mutable: `mut x`
3 |     x = 2; // won't compile!
  |     ^^^^^ cannot assign twice to immutable variable
```

에러의 내용을 읽어보면 처음 let x=1로 선언된 변수가 불변이기 때문에 값을 두 번 할당할 수 없다고 합니다. 그리고 컴파일러가 help에서 문제 해결 방법을 소개하는데, 변수 x를 **가변**mutable 변수로 다음과 같이 선언하라고 합니다.

```
let mut x = 1;
```

컴파일러의 조언에 따라 수정한 다음의 코드를 작성하고 실행해봅시다.

```
fn main() {
    let mut x = 1;
    x = 2;
    println!("{}", x);
}
```

콘솔에 값 2가 잘 출력되는 것을 알 수 있습니다. 이처럼, 러스트에서는 모든 변수는 기본적으로 불변으로 선언됩니다. 따라서 값을 바꾸고자 하는 변수에는 `mut` 키워드로 가변성을 부여해야 합니다.

2.5 섀도잉

한 번 선언한 불변 변수의 값을 바꿀 수는 없지만 변수 자체를 새로 선언할 수는 있습니다. 이처럼 변수 이름을 재사용해서 새로운 변수를 다시 선언하는 것을 **섀도잉**shadowing이라고 합니다.

섀도잉을 사용하면 `mut` 키워드 없이도 새로운 값을 변수에 할당할 수 있고, 새로운 변수여서 타입도 바꿀 수 있습니다. 다음 예제에서는 변수 x에 처음에는 **"5"**라는 문자열을 할당했지만, 다음에는 섀도잉을 사용해 x에 정수 6을 할당했습니다. 코드를 실행하면 정상적으로 컴파일됩니다.

▶ 러스트

```
fn main() {
    let x = "5";

    let x = 6; // x를 6으로 재선언

    println!("The value of x is: {}", x); // 6
}
```

2.6 타입

C++, 자바, 고와 같은 C언어 계열의 다른 언어와 마찬가지로 러스트에는 타입이 존재합니다. 러스트의 원시 타입primitive type 목록은 다음과 같습니다.

표 2-2 **러스트의 원시 타입 목록**

이름	타입
8비트 정수	i8
16비트 정수	i16
32비트 정수	i32
64비트 정수	i64
128비트 정수	i128
아키텍처	isize
부호 없는 8비트 정수	u8
부호 없는 16비트 정수	u16
부호 없는 32비트 정수	u32
부호 없는 64비트 정수	u64
부호 없는 128비트 정수	u128
부호 없는 아키텍처	usize
불리언	bool
문자열	String
문자열 슬라이스	str
32비트 부동소수점 실수	f32
64비트 부동소수점 실수	f64

> **NOTE** **isize, usize**
> isize와 usize는 컴퓨터 아키텍처가 32비트인지 64비트인지에 따라서 값이 달라지는 기본 포인터 크기입니다.

타입 추론

러스트 코드를 작성할 때 대부분은 개발자가 변수에 타입을 지정하지 않아도 앞에서 설치한 rust-analyzer가 알아서 타입을 추론inference해서 화면에 보여줍니다. 코드가 컴파일될 때는 컴파일러가 타입을 추론해서 변수를 선언하게 됩니다. 이때 추측되는 타입의 기본값은 정수형은 i32, 실수형은 f64입니다.

다음 코드를 VS Code에 붙여넣으면 그림 2-3과 같이 타입이 추론되는 것을 볼 수 있습니다.

▶ 러스트

```
fn main(){
    let x = 1;
    let y = 1.0;
    println!("{} {}", x, y);
}
```

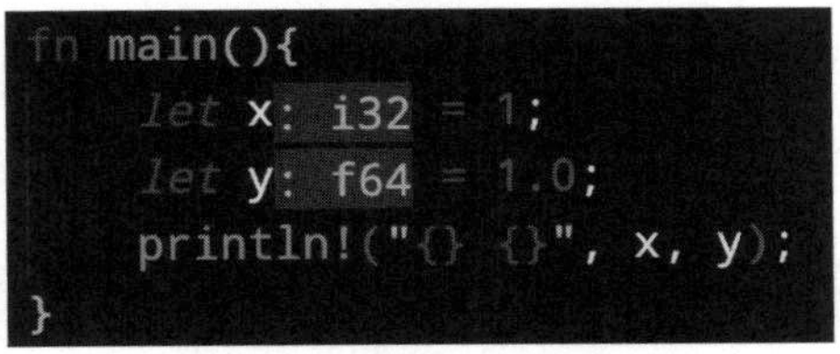

그림 2-3 타입 추론 예시

마찬가지로 이 상태로도 컴파일이 잘 실행되고, 컴파일러가 각 변수를 i32와 f64로 추론해서 컴파일합니다.

▶ 실행 결과

```
1 1
```

타입 변환

변수의 타입을 다른 타입으로 바꾸는 타입 변환casting도 가능합니다. 파이썬에서는 타입 이름을 함수처럼 사용해 타입 변환을 수행합니다.

▶ 파이썬

```
x = 1.2
y = int(x)
print(f"{x} -> {y}");
```

▶ 실행 결과

```
1.2 -> 1
```

러스트에서는 다음과 같이 as 키워드를 사용하면 됩니다. 예제에서는 64비트 실수 f64로 선언된 변수 x의 값을 32비트 정수 i32로 변환해 y변수에 할당하고 있습니다. 실수에서 정수로 변환했기 때문에 값이 1.2에서 1로 변경됩니다.

▶ **러스트**

```rust
fn main() {
    let x: f64 = 1.2;
    let y = x as i32;
    println!("{} -> {}", x, y);
}
```

▶ **실행 결과**

```
1.2 -> 1
```

2.7 상수

상수constant란, 한 번 선언되면 값이 바뀌지 않는 변수를 말합니다. 원주율, 중력상수와 같이 변하지 않는 값을 지정해야 할 때 사용합니다. 파이썬에서 상수를 선언해보겠습니다. 이전에 살펴본 변수 표기법에 따라 스크리밍 스네이크 표기법으로 이름을 정해줘야 합니다.

is_big 함수에서는 정수를 입력받아 해당 정수가 상수 THRESHOLD보다 크다면 True를, 아니면 False를 리턴합니다.

▶ **파이썬**

```python
THRESHOLD = 10


def is_big(n: int) -> bool:
    return n > THRESHOLD


if __name__ == '__main__':
    print(THRESHOLD)
    print(is_big(THRESHOLD))

    THRESHOLD = 5
```

```
10
False
```

일반적으로 상수는 모듈의 가장 위에 선언합니다. 이렇게 선언하면, 모듈의 모든 범위에서 상수에 접근하는 것이 가능합니다. is_big이라는 함수에서도 상수 THRESHOLD를 사용할 수 있고, 함수를 실행하는 if문 안에서도 THRESHOLD를 사용합니다. 하지만 파이썬의 모든 변수는 기본적으로 가변이기 때문에 위에서 선언한 상수를 5로 다시 변경하더라도 코드가 정상적으로 실행된다는 문제가 있습니다.

러스트에서 같은 내용을 구현해봅니다. 여기서 is_big이라는 새로운 함수를 선언했는데, 함수의 선언은 3장에서 다룰 예정입니다.

▶ 러스트

```rust
const THRESHOLD: i32 = 10;

fn is_big(n: i32) -> bool {
    n > THRESHOLD
}

fn main() {
    println!("{}", THRESHOLD);
    println!("{}", is_big(5));
}
```

▶ 실행 결과

```
10
false
```

러스트에서는 상수를 const 키워드로 선언합니다. 이렇게 선언된 상수는 불변이어서 값을 바꿀 수 없습니다. 파이썬에서 상수를 모듈 전체에서 접근할 수 있었던 것처럼, 마찬가지로 러스트에서도 선언된 상수 THRESHOLD를 함수 is_big과 main 내부에서 참조하는 것이 가능합니다. 하지만 값이 불변이기 때문에 THRESHOLD = 5;와 같이 새로운 값을 할당하면 오류가 발생합니다.

▶ 러스트

```rust
const THRESHOLD: i32 = 10;

fn is_big(n: i32) -> bool {
    n > THRESHOLD
}

fn main() {
    println!("{}", THRESHOLD);
    println!("{}", is_big(5));

    THRESHOLD = 5;
}
```

▶ 실행 결과

```
  --> src/main.rs:11:15
   |
11 |     THRESHOLD = 5;
   |     --------- ^
   |     |
   |     cannot assign to this expression
```

컴파일러가 친절하게 상수 THRESHOLD에는 새로운 값을 할당할 수 없다고 알려줍니다. 이 코드가 컴파일되지 않는다는 것은 사실 컴파일하기 전에도 알 수 있습니다. VSCode에서 코드를 살펴보면, rust-analyzer가 빨간 줄로 해당 코드에 문제가 있음을 알려줘, 문제를 빨리 찾아 해결할 수 있습니다.

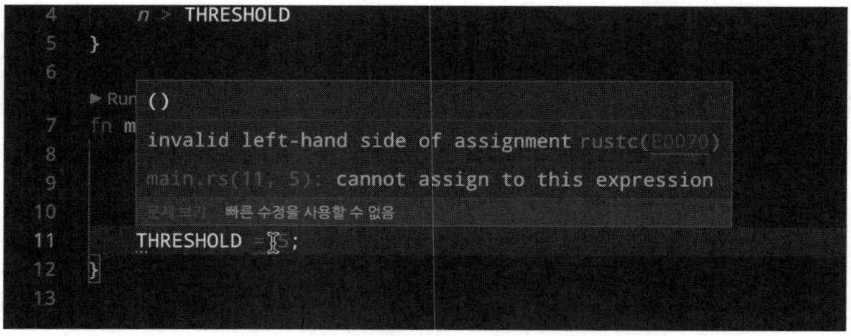

그림 2-4 편집기에서 컴파일 오류 확인

2.8 연습문제

1. 다음 코드를 실행해보고, 컴파일러가 에러를 발생시키는 이유를 설명해보세요.

```
fn main() {
    let x = 1;
    x = 2;
    println!("{}", x);
}
```

2. 다음 코드를 실행해보고, 컴파일러가 에러를 발생시키는 이유를 설명해보세요.

```
fn main() {
    let x = 1;
    let y = 2;
    x += y;
    println!("{}", x);
}
```

3. 다음 코드를 컴파일했을 때 결과가 3이 나오도록 타입 캐스팅을 추가해보세요.

```
fn main() {
    let x = 1.2;
    let y = x;
    let z = 2;
    println!("y + z = {}", y + z);
}
```

4. 다음 코드가 에러 없이 컴파일되도록 수정해보세요.

```
const PI = 3.14;

fn main() {
    println!("원주율: {}", PI);
}
```

3

함수와 매크로

코드를 작성하다 보면 반복적으로 사용되는 코드 조각들이 생기곤 합니다. 이런 경우, 코드를 복사해서 여러 번 사용하면 코드의 중복성을 높이고 관리를 어렵게 만듭니다. **함수**는 이런 문제를 해결하기 위해 코드 덩어리를 묶어서 이름을 붙일 수 있게 해주는 기능입니다.

함수를 사용하면 다음과 같은 장점을 얻을 수 있습니다.

- **코드 중복 줄이기**: 반복적으로 사용되는 코드를 함수로 만들면 한 번만 작성하고 여러 번 호출해 사용할 수 있습니다.
- **코드 관리 용이**: 함수를 사용하면 코드를 모듈화해 관리하기가 쉬워집니다.

함수는 러스트에서 매우 중요한 개념입니다. 러스트에서 함수를 정의하고 호출하는 방법을 익혀 함수로 효율적인 코드를 작성해봅시다.

3.1 함수 선언

함수의 입력으로 정수 두 개를 받은 후 두 수의 합을 리턴하는 **add**라는 함수를 만들어봅니다. 먼저 파이썬 코드는 다음과 같습니다.

```
def add(num1, num2):
    return num1 + num2
```

파이썬에서 함수를 만들 때는 파라미터와 리턴값에 타입을 적지 않아도 되지만, 타입을 명시하면 함수를 이해하기가 좀 더 수월합니다. 타입 힌트type hint를 사용해 파라미터와 리턴값의 타입을 명시할 수 있습니다. 파라미터 변수 이름 뒤에 :int를 붙여 이 파라미터의 타입이 int임을 명시합니다. 함수의 리턴값의 타입은 함수명 뒤에 -> int와 같이 표기합니다. 타입 힌트를 포함해 방금 전의 함수를 다시 작성하면 다음과 같습니다.

▶ 파이썬

```
def add(num1: int, num2: int) -> int:
    return num1 + num2
```

같은 기능의 러스트 코드는 다음과 같습니다. 함수의 선언에 fn 키워드를 사용하고, 함수에서 실행할 코드를 중괄호로 묶어줍니다. 그리고 파이썬과 비슷하게 파라미터에는 :i32로 타입을 표기하고, 리턴값에는 -> i32처럼 화살표를 사용해 타입을 명시했습니다.

▶ 러스트

```
fn add(num1: i32, num2: i32) -> i32 {
    return num1 + num2;
}
```

WARNING

이때 파이썬에서는 타입을 생략할 수 있지만, 러스트에서는 반드시 파라미터와 리턴 타입을 명시해야 한다는 점을 염두에 둬야 합니다. 타입이 잘못되거나 표기되지 않았다면 컴파일되지 않습니다.

러스트는 코드 마지막에서 return 키워드를 생략할 수 있습니다. 이때 세미콜론이 없다는 점을 주의하세요. 다음 코드는 위에서 정의한 add와 완전히 같습니다.

▶ 러스트

```
fn add(num1: i32, num2: i32) -> i32 {
    num1 + num2
}
```

add 함수를 메인 함수에서 호출하고 값을 출력해봅니다. 파이썬과 똑같이 **함수명(파라미터, 파라미터, ...)**의 형태로 함수를 호출합니다.

▶ 러스트

```
fn add(num1: i32, num2: i32) -> i32 {
    num1 + num2
}

fn main() {
    println!("{}", add(1, 2));
}
```

▶ 실행 결과

```
3
```

> **NOTE**
>
> 파이썬의 함수는 두 가지 파라미터를 정의할 수 있습니다. 앞에서부터 순서대로 입력되는 위치 파라미터와 파라미터 이름을 통해 선택적으로 입력 가능한 키워드 파라미터입니다. 방금 만든 add 함수를 변형해서, 두 번째 파라미터의 기본값을 1로 설정해봅니다.
>
> ```
> def add(num1: int, num2: int=1) -> int:
>     return num1 + num2
> ```
>
> 반면 러스트는 키워드 파라미터를 지정할 수 없어서 파라미터에 기본값을 지정할 수 없습니다. 따라서 다음 코드는 컴파일되지 않습니다.
>
> ```
> fn add(num1: i32, num2: i32=1) -> i32 {
>     num1 + num2
> }
>
> fn main() {
>     assert_eq!(add(3, 1), add(3));
> }
> ```

3.2 여러 개의 값 리턴하기

함수에서 여러 개의 값을 리턴하는 경우를 살펴보겠습니다. 입력받은 두 정수를 순서를 바꿔서 리턴하는 함수를 만들어봅니다. 먼저 파이썬에서 swap이라는 함수를 아래와 같이 구현합니다. 이렇게 여러 개의 값을 리턴하면 리턴 타입이 튜플tuple이 됩니다.

▶ 파이썬

```python
def swap(num1: int, num2: int) -> tuple[int, int]:
    return num2, num1


num1, num2 = swap(1, 2)
print(f"{num1}, {num2}")
```

▶ 실행 결과

```
2, 1
```

러스트도 여러 개의 값을 리턴하면 값들이 튜플로 묶입니다. 리턴하는 두 정수를 소괄호로 묶어서 (num2, num1)과 같이 튜플임을 표시합니다. 함수의 리턴 타입은 (i32, i32)로 표기하면 튜플이 됩니다.

▶ 러스트

```rust
fn swap(num1: i32, num2: i32) -> (i32, i32) {
    (num2, num1)
}

fn main() {
    let (num1, num2) = swap(1, 2);
    println!("{num1}, {num2}");
}
```

▶ 실행 결과

```
2, 1
```

`main` 함수와 같이, 함수에서 리턴하는 값이 없을 때는 리턴 타입을 생략하거나 ()와 같이 아무것도 리턴하지 않음을 표기할 수 있습니다. 파이썬에서 리턴값이 없을 때는 -> None으로 표기하는 것과 비슷합니다.

▶ 러스트

```rust
fn do_nothing() -> () {
    return ();
}

fn me_too() {}

fn main() {
    println!("{:?}", do_nothing());
    println!("{:?}", me_too());
}
```

---

[12] https://peps.python.org/pep-0008/

러스트에서는 여러 줄 주석을 ///로, 한 줄 주석은 //로 나냅니다. 모듈 단위 주석은 파이썬처럼 파일의 최상단에 작성합니다. 함수의 주석은 함수명 위에 표기하는 점에 주의해야 합니다. 한 줄 주석은 파이썬과 똑같이 코드의 끝이나 한 줄이 시작되는 지점에 추가할 수 있습니다.

```rust
/// 메인 모듈입니다.

/// 두 값을 바꿉니다.
fn swap(num1: i32, num2: i32) -> (i32, i32) {
    (num2, num1)
}

fn main() {
    let (num1, num2) = swap(1, 2); // 함수 호출

    // 값을 출력합니다.
    println!("{num1}, {num2}");
}
```

3.3 스코프

스코프scope란 변수에 접근할 수 있는 범위를 의미합니다. 파이썬에서는 스코프를 기본적으로 함수 단위로 구분합니다.

▶ **파이썬**

```python
def hello(name: str):
    num = 3
    print(f"Hello {name}")


if __name__ == '__main__':
    my_name = "buzzi"

    if True:
```

```
        print("My name is", my_name)
        my_name = "mellon"

    hello(my_name)
```

▶ 실행 결과

```
My name is buzzi
Hello mellon
```

코드 실행 부분을 먼저 보면, my_name 변수에 "buzzi"라는 문자열을 할당합니다. if문에서 변수값을 출력해보면 "My name is buzzi"가 나옵니다. 하지만 다음 라인에서 my_name = "mellon"으로 변수의 값을 바꿔 버렸습니다. 파이썬은 스코프를 함수 단위로만 구분하므로 코드 전체에서 값이 바뀌어 hello(my_name)의 출력은 Hello mellon이 됩니다.

마지막 줄에 print(num)를 추가하고 실행하면 에러가 발생합니다.

```
My name is buzzi
Hello mellon
Traceback (most recent call last):
  File "/code/temp/python/main.py", line 14, in <module>
    print(num)
          ^^^
NameError: name 'num' is not defined. Did you mean: 'sum'?
```

hello 함수 안에서 선언된 num이라는 변수를 출력하기 때문입니다. 즉 num의 스코프가 hello 함수인 까닭에 함수 바깥에서 참조할 수 없는 것입니다.

이번에는 러스트의 스코프를 살펴보겠습니다.

▶ 러스트

```rust
fn hello(name: String) {
    let num = 3;
    println!("Hello {}", name);
}

fn main() {
    let my_name = "buzzi".to_string();
```

```
    {
        println!("My name is {}", my_name);
        let my_name = "mellon";
    }

    hello(my_name);
}
```

▶ 실행 결과

```
My name is buzzi
Hello buzzi
```

러스트에서는 스코프를 중괄호 "{}" 기준으로 구분합니다. 먼저 my_name 변수를 "buzzi"로 할당했습니다. 그다음, 중괄호 안에서 my_name을 출력하면 "buzzi"가 나옵니다. 중괄호 안에서 my_name을 "mellon"으로 할당하더라도, 중괄호를 벗어나면 중괄호 안에서 선언된 my_name의 스코프가 끝나게 되므로 중괄호 바깥에서는 my_name의 값은 원래대로 "buzzi"가 됩니다. 따라서 hello(my_name)의 실행 결과는 "Hello buzzi"가 됩니다.

파이썬에서와 마찬가지로, hello 안에서 선언된 변수인 num은 함수 바깥에서 참조할 수 없습니다. 마지막 줄에 println!("{}", num);을 추가하고 코드를 실행하면 에러가 발생합니다.

```
   Compiling rust_part v0.1.0 (/code/temp/rust_part)
error[E0425]: cannot find value `num` in this scope
  --> src/main.rs:15:20
   |
15 |     println!("{}", num);
   |                    ^^^ not found in this scope

For more information about this error, try `rustc --explain E0425`.
error: could not compile `rust_part` due to previous error
```

러스트의 스코프는 나중에 배울 소유권 모델과 밀접한 관련이 있어서 중괄호를 기준으로 스코프가 바뀐다는 사실을 꼭 기억하기 바랍니다.

3.4 익명 함수

익명 함수란 이름이 없는 함수를 말합니다. 프로그램에서 변수에 할당하거나 다른 함수에 파라미터로 전달할 수 있습니다. 익명 함수를 먼저 만들어 놓고 나중에 함수를 실행할 수 있습니다.

파이썬에서는 익명 함수를 람다 함수lambda function라고 부릅니다. lambda 키워드를 쓰고, **파라미터: 리턴값** 형식으로 함수의 내용을 정의합니다. 이렇게 만든 람다 함수를 변수 my_func에 할당해뒀다가 print 함수 안에서 호출하는 예제를 살펴보겠습니다.

▶ **파이썬**

```python
my_func = lambda x: x + 1
print(my_func(3))
```

▶ **실행 결과**

```
4
```

예제처럼 람다 함수는 다른 함수에 파라미터로 전달하는 것이 가능합니다. 러스트에도 람다 함수와 비슷한 개념이 있는데 바로 **클로저**closure입니다. 람다 함수와 같은 기능을 하는 클로저를 만들어봅니다. 클로저는 파라미터를 | |의 사이에 선언하고, 그 뒤에 함수에서 리턴하는 부분을 작성합니다.

▶ **러스트**

```rust
fn main() {
    let my_func = |x| x + 1;
    println!("{}", my_func(3));
}
```

▶ **실행 결과**

```
4
```

이때 컴파일러가 클로저의 파라미터와 리턴값의 타입을 i32로 추측해서 보여줍니다. 이는 실제 함수가 실행되는 부분인 my_func(3)로부터 변수 x의 타입을 알 수 있기 때문입니다. 이처럼 클로저는 함수와 다르게 타입을 명시할 필요가 없이 컴파일러가 타입을 추론하도록 할 수 있습니다. 하지만 타입을 명시하는 것도 가능합니다.

▶ 러스트

```rust
fn main() {
    let my_func = |x: i32| -> i32 { x + 1 };
    println!("{}", my_func(3));
}
```

타입을 명시해야 할 때는 함수 실행 부분을 중괄호로 묶어줘야 합니다.

람다 함수는 반드시 한 줄로만 작성해야 하지만, 클로저는 중괄호로 묶어줄 때 여러 줄을 작성할 수 있습니다. 앞 코드를 하나의 클로저로 바꿔봅니다. 이때 입력받은 변수 x의 값을 바꾸기 위해 가변으로 선언하고, 첫 번째 줄에서 x에 1을 더해줍니다. 그다음 x를 프린트합니다. 이제 `my_func`를 호출하면 동일하게 4가 출력됩니다.

▶ 러스트

```rust
fn main() {
    let my_func = |mut x: i32| {
        x = x + 1;
        println!("{}", x);
    };

    my_func(3);
}
```

파이썬에서 함수로 피보나치 수를 계산하는 예제는 다음과 같습니다. 함수의 재귀 호출을 사용해 이전 단계의 피보나치 수열 값을 cache 딕셔너리에 저장합니다. 이전 단계의 값을 cache에서 즉시 꺼낼 수 있기 때문에 빠르게 피보나치 수열을 계산할 수 있습니다.

▶ 파이썬

```python
def fibonacci(n):
    cache = {}

    def fib(n):
        if n in cache:
            return cache[n]
        if n < 2:
            return n
```

```
            cache[n] = fib(n - 1) + fib(n - 2)
            return cache[n]

    return fib(n)


fibonacci(10)
```

하지만 같은 로직을 러스트로 구현하면 클로저가 자기 자신을 부를 수 없기 때문에 컴파일되지 않습니다.

▶ 러스트

```
fn fib(n: u32) -> u32 {
    let cache = vec![0, 1];
    let _fib = |n| {
        if n < cache.len() {
            cache[n]
        } else {
            let result = _fib(n - 1) + _fib(n - 2);
            cache.push(result);
            result
        }
    };
    _fib(n)
}

fn main() {
    println!("{}", fib(10));
}
```

3.5 매크로

매크로는 함수와 비슷하게 사용되지만, 실제로 함수와 비교했을 때 중요한 차이점이 있습니다. 기본적으로 매크로는 '다른 코드를 생성하는' 코드를 작성하는 방법으로, **메타 프로그래밍**meta programming이라고 합니다. 함수를 정의할 때는 파라미터의 개수와 타입을 미리 지정해야 합니다. 반면에 매크로는 매개변수의 개수가 가변적입니다. 예를 들어, println!("hello")와 같이 하나의 인수로 println!을 호출하거나 println!("hello {}", name)과 같이 두 개의 인수로 호출할 수 있습니다.

파이썬의 함수는 변수 개수를 가변적으로 정의할 수 있습니다. 입력받은 파라미터를 모두 더해 리턴하는 함수 get_sum을 다음과 같이 정의하고 호출해봅니다. 이때 입력된 파라미터 1, 2, 3은 함수 내부에서 args = (1, 2, 3)과 같이 튜플로 전달됩니다.

▶ 파이썬

```python
def get_sum(*args):
    return sum(args)
print(get_sum(1, 2, 3))
```

▶ 실행 결과

```
6
```

러스트 함수는 가변 길이의 파라미터를 만들 수 없기 때문에 매크로를 사용해 같은 기능을 구현해 보겠습니다. 매크로의 문법은 신경 쓰지 말고 같은 기능이 구현된다는 것만 확인하면 충분합니다.

> **NOTE**
> 매크로의 문법은 이 책의 범위를 벗어나므로 자세한 매크로 문법은 러스트 공식 문서[13]를 참고하세요.

▶ 러스트

```rust
macro_rules! get_sum {
    // 쉼표로 구분된 임의의 개수의 식을 입력으로 받습니다.
    ($($x:expr),*) => {{
        // 식들을 벡터에 담습니다.
        let args = vec![$($x),*];

        // 벡터를 반복하며 요소들의 합을 구합니다.
        args.iter().sum::<i32>()
    }};
}

fn main() {
    println!("{}", get_sum!(1, 2)); // 3
    println!("{}", get_sum!(1, 2, 3)); // 6
}
```

---

13 https://doc.rust-lang.org/reference/macros-by-example.html

```
3
6
```

이 외에도 매크로는 반복되는 코드 패턴을 좀 더 간결하게 만드는 등의 유용한 기능이 있습니다. 하지만 매크로는 함수보다 만들기가 매우 복잡하다는 단점이 있습니다. 특별한 경우가 아니면 매크로를 정의할 일이 없기 때문에 크게 걱정하지 않아도 됩니다. 매크로를 더 자세히 알고 싶다면 [러스트 공식 문서]를 참고하세요.[14]

3.6 연습문제

1. 두 개의 정수를 인수로 받아 두 정수의 곱을 반환하는 함수를 작성해보세요.

```
fn multiply_numbers(?) {?}


fn main() {
    let result = multiply_numbers(3, 4);
    println!("The product of 3 and 4 is: {}", result); // 12
}
```

2. 두 개의 정수를 인수로 받아 두 정수의 곱을 반환하는 클로저를 작성해보세요.

```
fn main() {
    let multiply_numbers = |?| -> ? {  };

    let result = multiply_numbers(3, 4);
    println!("The product of 3 and 4 is: {}", result); // 12
}
```

---

14 https://doc.rust-lang.org/book/ch19-06-macros.html 또는 《러스트 프로그래밍 공식 가이드(제2판)》(제이펍, 2024)의 19.5절 '매크로' 참고

CHAPTER

4

조건문과 반복문

조건문과 **반복문**은 프로그램의 흐름을 제어하는 매우 중요한 요소입니다. 조건문은 특정 조건에 따라 서로 다른 코드를 실행하게끔 해주기 때문에 유연한 프로그램을 작성하는 데 필수적인 요소입니다. 4장에서는 `if`와 `match` 두 가지의 조건문 키워드를 배울 것입니다. 반복문은 특정 코드를 반복할 수 있는 문법으로, `for`, `while`, `loop` 세 가지의 반복문 키워드를 학습해보겠습니다.

4.1 if/else

`if`문은 어떤 조건을 제시한 후 조건이 성립되면 코드를 실행하도록 논리적 분기를 만듭니다. 조건이 만족되지 않으면 해당 분기의 코드는 실행되지 않고 넘어갑니다. `if`문은 첫 번째 조건을 검사하는 부분인 `if`와 다음 조건을 만족하는지를 검사하는 `else if`, 모두 해당되지 않는 경우에 실행되는 `else`로 구성됩니다.

파이썬에서 `if`문을 사용해봅니다. 여기서는 변수 x가 y보다 작은지를 검사하고 있는데, x는 1.0이고 y가 10이기 때문에 조건이 만족됩니다. 조건이 만족될 때는 그 아래의 다른 조건은 검사하지 않고 넘어가기 때문에 실행 결과는 "x is less than y"가 출력됩니다.

▶ **파이썬**

```
x = 1.0
y = 10
```

```
if x < y:
    print("x is less than y")
elif x == y:
    print("x is equal to y")
else:
    print("x is not less than y")
```

▶ 실행 결과

```
x is less than y
```

x의 값을 10으로 수정하고 다시 실행한다면 이번에는 "x is equal to y"가 출력될 것입니다.

러스트에서 같은 코드를 작성해봅니다. 여기서 파이썬과는 세 가지 다른 점이 있습니다. 첫 번째로 x와 y를 조건문에서 바로 비교할 수 없습니다. 두 변수의 타입이 다르기 때문에 둘 중 하나를 나머지의 타입으로 변환해야 하기 때문입니다. 여기서는 y를 f64로 타입 변환을 해서 두 값을 비교하고 있습니다. 두 번째로는 파이썬의 elif가 else if로 바뀐 것입니다. 세 번째는 러스트는 스코프를 중괄호로 구분하기 때문에 if문의 각 분기에 해당하는 코드를 중괄호로 묶어주고 있습니다.

▶ 러스트

```
fn main() {
    let x = 1.0;
    let y = 10;

    if x < (y as f64) {
        // 타입 캐스팅
        println!("x is less than y");
    } else if x == (y as f64) {
        println!("x is equal to y");
    } else {
        println!("x is not less than y");
    }
}
```

▶ 실행 결과

```
x is less than y
```

실행 결과는 파이썬과 같습니다.

let if

러스트에서는 if문의 각 분기의 결괏값을 변수에 바로 할당하는 문법인 let if가 있습니다. 방금 봤던 if문을 다음과 같이 바꿀 수 있습니다. 이전 예제에서는 각 분기에서 문자열을 출력했는데, 여기서는 println! 매크로와 마지막에 붙어있던 세미콜론이 사라졌습니다. 그다음 if문 전체를 result라는 변수에 할당하고 있습니다.

▶ 러스트

```
fn main() {
    let x = 1.0;
    let y = 10;

    let result = if x < (y as f64) {
        "x is less than y"
    } else if x == (y as f64) {
        "x is equal to y"
    } else {
        "x is not less than y"
    };

    println!("{}", result);
}
```

▶ 실행 결과

```
x is less than y
```

실행 결과는 이전과 같습니다. if문의 각 분기에 해당하는 문자열들이 result 변수에 할당되기 때문인데, 앞의 코드에서는 첫 번째 조건인 x < (y as f64)가 만족되므로 결국 위 if문은 아래와 같은 결과를 냅니다.

```
let result = "x is less than y";
```

이때, 앞처럼 let if문을 쓰려면 각 분기에서 할당하는 값들이 모두 같은 타입이어야 한다는 점을 주의해야 합니다. 러스트의 변수는 한 가지 타입만 가질 수 있기 때문에, 다음과 같이 서로 다른 타입을 리턴하면 컴파일이 되지 않습니다.

▶ 러스트

```
fn main() {
    let result = if true { 5 } else { "a" };

    println!("{}", result);
}
```

▶ 실행 결과

```
    Compiling rust_part v0.1.0 (/code/temp/rust_part)
error[E0308]: `if` and `else` have incompatible types
 --> src/main.rs:2:39
  |
2 |     let result = if true { 5 } else { "a" };
  |                            -          ^^^ expected integer, found `&str`
  |                            |
  |                            expected because of this

For more information about this error, try `rustc --explain E0308`.
error: could not compile `rust_part` due to previous error
```

컴파일 결과로부터 if와 else에서 같은 타입을 가져야 한다는 것을 알 수 있습니다.

if를 함수에서 바로 리턴한다면, 다음과 같은 코드도 가능합니다. if let 문법이 if문의 결과를 바로 얻을 수 있는 문법이기 때문입니다.

▶ 러스트

```
fn check_password(password: i32) -> bool {
    if password == 1234 {
        true
    } else {
        false
    }
}

fn main() {
    let password = 1234;
    let result = check_password(password);
    println!("Result: {}", result);
}
```

4.2 for

for를 사용하면 값들의 모음collection에서 각 값들을 순서대로 꺼낼 수 있습니다. 이처럼 값을 순서대로 꺼내는 것을 순회loop over한다고 말합니다.

6부터 9까지의 정수를 순서대로 출력하는 코드를 작성해봅니다. 먼저 파이썬에서는 range를 사용하면 됩니다. 이때 마지막 값은 생략되기 때문에 range(6, 10)과 같이 입력해야 합니다. 이때 print 함수에 end=","를 넣어 줄바꿈 대신 콤마가 들어가도록 해서 결과가 한 줄로 출력되도록 했습니다.

▶ **파이썬**

```python
for i in range(6, 10):
    print(i, end=",")
```

▶ **실행 결과**

```
6,7,8,9,
```

러스트에서는 특정 범위의 정수를 a..b와 같은 문법으로 간단히 만들 수 있습니다. range와 마찬가지로 마지막 값은 생략되기 때문에 6..10과 같이 입력합니다. 결과를 한 줄로 출력하기 위해서 println! 대신 print! 함수를 사용합니다.

▶ **러스트**

```rust
fn main() {
    for i in 6..10 {
        print!("{},", i);
    }
}
```

▶ **실행 결과**

```
6,7,8,9,
```

파이썬에서 range를 변수에 할당했다가 나중에 for로 반복할 수 있습니다.

▶ 파이썬

```python
num_range = range(6, 10)

for i in num_range:
    print(i, end=",")
```

마찬가지로 러스트에서도 정수 범위를 변수에 할당해뒀다가 나중에 반복할 수 있습니다.

▶ 러스트

```rust
fn main() {
    let num_range = 6..10;
    for i in num_range {
        print!("{},", i);
    }
}
```

러스트에서는 정수 범위를 만들 때 마지막 숫자를 포함할 수 있습니다.

▶ 러스트

```rust
fn main() {
    let num_range = 6..=10;
    for i in num_range {
        print!("{},", i);
    }
}
```

▶ 실행 결과

```
6,7,8,9,10,
```

> **NOTE**
>
> 러스트에서 for를 사용해 반복할 수 있는 타입에 관해서는 6장에서 자세히 알아봅니다.

4.3 while

while문은 조건이 만족되는 동안 코드가 계속 반복해서 실행됩니다. 조건이 만족되지 않으면 코드가 더는 실행되지 않고 반복이 종료됩니다. 파이썬에서 while문을 사용해 0부터 4까지의 정수를 출력시키는 코드를 작성봅니다.

▶ 파이썬

```python
x = 0
while x < 5:
    print(x, end=",")
    x += 1
```

▶ 실행 결과

```
0,1,2,3,4,
```

같은 코드를 러스트로 작성해봅니다. 이때 x의 값을 바꿔야 하기 때문에 가변 변수로 선언해야 하는 점을 주의해야 합니다. 참고로, 러스트는 파이썬과 마찬가지로 증감 연산자인 ++, --가 없어 변수의 값을 직접 증가시키거나 감소시켜야 합니다.

▶ 러스트

```rust
fn main() {
    let mut x = 0;
    while x < 5 {
        print!("{},", x);
        // 증감 연산자가 없어서 x++와 같이 쓸 수 없습니다.
        x += 1;
    }
}
```

▶ 실행 결과

```
0,1,2,3,4,
```

4.4 loop

러스트의 특별하고 강력한 문법인 **loop**를 알아봅니다. loop는 무한 루프를 만들 때 사용됩니다. 파이썬의 무한 루프는 다음과 같이 조건을 True로 설정해서 구현 가능합니다. 반복 중간에 x의 값이 5가 되면 break를 통해서 루프를 탈출할 수 있습니다.

▶ **파이썬**

```python
x = 0
while True:
    x += 1
    if x == 5:
        break
    print(x, end=",")
```

▶ **실행 결과**

```
0,1,2,3,4,
```

loop 역시 루프를 종료하는 break에 해당하는 조건문이 있어야 루프를 종료하고 다음으로 진행할 수 있습니다.

▶ **러스트**

```rust
fn main() {
    let mut x = 0;
    loop {
        x += 1;
        if x == 5 {
            break;
        }
        print!("{},", x);
    }
}
```

▶ **실행 결과**

```
0,1,2,3,4,
```

loop는 조건이 만족되면 루프를 탈출하는데, 이때 특정 값을 리턴할 수 있습니다. break 뒤에 리턴할 값을 넣어주면 됩니다. x가 5가 됐을 때 x를 리턴하도록 코드를 고치면 다음과 같습니다.

▶ 러스트

```
fn main() {
    let mut x = 0;
    let y = loop {
        x += 1;
        if x == 5 {
            break x;
        }
        print!("{},", x);
    };

    println!("{}", y);
}
```

▶ 실행 결과

```
1,2,3,4,5
```

루프 안에서 1부터 4까지가 출력되고, 그 뒤에 y의 값 5가 출력됩니다.

> 참고 **continue와 break**
>
> for, while, loop와 같은 반복분에서 사용할 수 있는 제어 키워드가 두 가지 있습니다. continue는 해당 키워드 밑의 코드를 실행하지 않고 다음 반복으로 넘어가며, break는 즉시 반복을 종료하는 키워드입니다. 두 가지를 활용해 for 루프를 파이썬과 러스트로 작성하면 다음과 같습니다. 두 언어에서 키워드가 똑같이 작동하는 것을 알 수 있습니다.
>
> ▶ 파이썬
>
> ```
> for i in range(10):
>     if i % 2 == 0:
>         continue
>     elif i == 7:
>         break
>
>     print(i, end=', ')
> ```
>
> ▶ 실행 결과
>
> ```
> 1, 3, 5,
> ```

▶ 러스트

```rust
fn main() {
    for i in 0..10 {
        if i % 2 == 0 {
            continue;
        } else if i == 7 {
            break;
        }

        print!("{}, ", i);
    }
}
```

▶ 실행 결과

```
1, 3, 5,
```

4.5 match

if ... else문으로 name 변수의 값에 따라서 서로 다른 결과를 출력하는 파이썬 코드입니다. 현재 name 변수의 값이 "John"이므로 "Hello, John!"이 출력됩니다.

▶ 파이썬

```python
name = "John"
if name == "John":
    print("Hello, John!")
elif name == "Mary":
    print("Hello, Mary!")
else:
    print("Hello, stranger!")
```

▶ 실행 결과

```
Hello, John!
```

앞에서 살펴본 if ... else로도 구현이 가능하지만, 조건에 사용되는 변수가 항상 name이기 때문에 이때는 **match**를 사용하면 좀 더 간결하게 표현할 수 있습니다. 특정 변수의 값에 따라서 다른 행동을 하도록 하는 것이 match문의 핵심입니다. match 뒤에 값을 비교할 변수를 입력하고, 중괄호 안에서 콤마로 각 경우를 구분해서 표기합니다. name 변수가 "John"일 때, "Mary"일 때, 나머지 모든 경우까지 세 가지입니다. 나머지 경우를 나타낼 때 매칭할 값을 생략하는 표기로 _을 사용합니다. 여기서 name 변수의 값이 "John"이기 때문에 "Hello, John!"이 출력됩니다.

▶ 러스트

```
fn main() {
    let name = "John";
    match name {
        "John" => println!("Hello, John!"),
        "Mary" => println!("Hello, Mary!"),
        _ => println!("Hello, stranger!"),
    }
}
```

▶ 실행 결과

```
Hello, John!
```

match문도 값을 리턴할 수 있습니다. let <변수명> = match ...와 같이 선언하면 됩니다. 이때 컴파일러가 match문의 리턴값으로부터 변수 greet의 타입을 추론합니다. 또한, 각 조건마다 리턴하는 값들의 타입이 반드시 같아야 합니다.

▶ 파이썬

```
fn main() {
    let name = "John";
    let greet = match name {
        "John" => "Hello, John!",
        "Mary" => "Hello, Mary!",
        _ => "Hello, stranger!",
    };

    println!("{}", greet);
}
```

▶ 실행 결과

```
Hello, John!
```

4.6 연습문제

1. 정수를 인수로 받아 정수가 양수이면 "positive"를, 그렇지 않으면 "negative"를 출력하는 함수 check_sign을 작성해보세요.

```rust
fn check_sign(n: i32) {
    ...
}

fn main() {
    check_sign(3);
}
```

2. 다음과 같은 피라미드 패턴을 만드는 코드를 작성해보세요.

```
*
**
***
```

CHAPTER

5

소유권

5.1 메모리 관리

모든 프로그램은 컴퓨터의 메모리memory라고 하는 자원을 사용합니다. 프로그램에서 사용하는 데이터를 메모리에 저장하기 때문입니다. 코드에서 어떤 변수에 값을 할당하면 메모리에 그 값이 저장됩니다. 메모리는 한정된 자원이어서 프로그래밍 언어들은 각자의 방식으로 메모리를 효율적으로 관리하고자 노력합니다. 파이썬이나 고와 같은 언어는 가비지 컬렉터garbage collector를 이용해 언어 차원에서 자동으로 메모리를 관리합니다. C/C++와 같은 언어는 개발자가 직접 메모리를 관리합니다.

파이썬은 모든 객체의 데이터를 힙heap 영역에 저장합니다. 그리고 메모리를 **가비지 컬렉션**garbage collection으로 관리합니다. 런타임에 사용되지 않는 객체가 있으면 주기적으로 객체를 삭제하거나 메모리 사용량이 너무 높을 때 가비지 컬렉션을 수행합니다. 가비지 컬렉션이 수행되는 동안에는 다른 파이썬 코드가 실행될 수 없기 때문에 파이썬의 코드 실행 속도가 느려지는 원인이 됩니다. 또한 어떤 객체가 언제 메모리에서 할당 해제되는지를 개발자가 명시적으로 알 수 있는 방법이 없고 가비지 컬렉터가 이를 전담하기 때문에 프로그램이 불필요하게 많은 메모리를 사용할 가능성도 있습니다.

러스트는 소유권ownership이라는 개념을 통해 메모리를 관리합니다. 소유권 덕분에 러스트 프로그램은 메모리 안전성과 스레드 안전성이 보장됩니다. 메모리 안전성이란, 하나의 값에 하나의 코드만 접근하기 때문에 예기치 않게 값이 바뀔 일이 없다는 의미입니다. C/C++같은 언어에서는 포인터를 잘못 사용하거나 부적당한 메모리 접근과 같은 이유로 버그가 발생하거나 메모리 누수가 일어나기도 하지만 러스트에서는 이를 걱정할 필요가 없습니다. 다음으로 스레드 안전성이란, 여러 개의 스레드에서 하나의 값에 접근하고자 할 때 발생할 수 있는 경합 조건이나 교착 상태deadlock가 발생하지 않는다는 의미입니다. 메모리와 스레드 안정성은 멀티스레딩 프로그램을 만들 때 가장 어렵고 복잡한 문제이지만 러스트에서는 이를 컴파일 타임에 탐지할 수 있기 때문에 안정성이 보장됩니다.

5.2 스택과 힙

소유권을 알아보기 전에 프로그램에서 메모리를 저장하는 영역인 스택stack과 힙을 살펴봅니다. **스택** 영역은 함수가 실행될 때 사용하는 메모리 공간으로, 함수에서 사용하는 지역 변수가 스택에 저장됩니다. 일반적으로 스택에 사용될 메모리 공간은 프로그램이 실행될 때 미리 정해지기 때문에 매우 빠르게 값을 저장하고 접근할 수 있습니다. 만일 함수 실행이 종료되면 스택 영역에서 사용된 모든 지역 변수는 메모리에서 삭제됩니다. **힙** 영역은 동적으로 할당되는 메모리를 위한 공간으로, 개발자가 명시적으로 특정 크기의 메모리 공간을 사용하겠다고 선언해야 합니다. 해당 메모리 공간이 더는 필요 없을 때는 해당 메모리를 할당 해제해줘야 합니다. 이미 점유된 메모리 공간은 다른 프로그램이나 스레드에서 사용할 수 없기 때문입니다.

파이썬은 스택을 사용하지 않고 모든 객체를 힙 영역에 저장합니다. 이렇게 저장된 객체들은 파이썬에서 가비지 컬렉션을 통해 메모리를 관리하기 때문에 파이썬을 사용할 때는 메모리 관리에 신경쓰지 않아도 됩니다. 앞에서 힙 영역을 설명할 때 언급한 개발자가 할당하고 할당 해제하는 메모리를 파이썬의 가비지 컬렉터가 대신해주는 것입니다.

반면 러스트는 스택 영역과 힙 영역 모두를 사용합니다. 러스트는 기본적으로 다음과 같이 함수에서 사용하는 모든 값을 제한된 크기의 스택 영역에 저장합니다. 따라서 함수 호출이 종료되면 지역 변수 foo와 var는 모두 삭제됩니다.

▶ 러스트

```
fn foo() {
    let foo = "foo";
    let var = 5;
}
```

힙 영역은 함수에서 명시적으로 선언할 때만 사용되는데 힙 영역에 저장하는 값은 전역적으로 globally 접근이 가능합니다.

> **NOTE**
> Box 타입을 사용하면 명시적으로 힙 영역에 변수를 선언할 수 있습니다.

▶ 러스트

```
fn main() {
    let num = Box::new(1);
}
```

정리하면, 함수에서 사용하는 지역 변수의 값은 모두 스택 영역에, 전역적으로 사용되는 값들은 힙 영역에 저장됩니다. 참고로 뒤에서 배울 멀티스레딩에서 여러 스레드가 접근하는 변수의 값은 힙 영역에 저장됩니다.

5.3 소유권 규칙

소유권을 요약하면 다음 세 가지 규칙으로 정리할 수 있습니다.

- 모든 '값'은 해당 값을 '소유'하는 소유자가 있습니다.
- 한 번에 하나의 소유자만 존재할 수 있습니다. 한 값에 두 소유자가 동시에 있을 수 없습니다.
- 소유자가 현재 코드의 스코프에서 벗어나면 값은 메모리에서 할당 해제됩니다.

안타깝게도 소유권 모델은 파이썬뿐만 아니라 다른 프로그래밍 언어에는 없는 러스트만의 고유한 특징이기 때문에, 여기서 파이썬과 비교하며 소유권을 설명하기는 조금 어렵습니다.

값에 대한 소유권

사용되지 않는 '값'을 처리하지 않으면 스택과 힙 메모리 영역이 가득 차기 때문에 메모리 관리가 반드시 필요합니다. 러스트에서는 어떤 값이 더는 사용되지 않는지를 소유권을 사용해 판단합니다. 모든 값에 소유자를 지정하고, 지정한 값의 소유자가 없어지면 즉시 값을 메모리에서 할당 해제시키는 원리입니다. 다음 예제를 보겠습니다.

```
fn main() {
    let x = 1;
    // x가 삭제됨
}
```

예제에서, x라는 변수에 담긴 1이라는 값은 `main` 함수를 벗어나면 더는 사용되지 않습니다. 따라서 x는 즉시 메모리에서 지워집니다. 마찬가지로 같은 함수에서라도 스코프를 벗어나면 값은 바로 사라집니다.

```
fn main() {
    let x = 1;
    {
        let y = x;
        println!("{} {}", x, y);
        // y가 삭제됨
    }
    println!("{} {}", x, y); // 이 라인은 컴파일되지 않음
    // x가 삭제됨
}
```

이번엔 코드 중간에 있는 {}에 의해 스코프가 추가됐고, 이 안에서 y가 선언됐습니다. 스코프를 벗어나면 y는 더는 사용되지 않으므로 즉시 메모리에서 할당이 해제됩니다. 마찬가지로 함수에 파라미터로 변수를 전달할 때도 같은 원리가 적용됩니다. 여기서 `String::from("Hello")`는 러스트에서 문자열을 선언하는 방법으로, 문자열에 대한 자세한 내용은 6장에서 설명하겠습니다.

```
fn dummy(x: String) {
    println!("{}", x);
    // x가 삭제됨
}

fn main() {
    let x = String::from("Hello");
    dummy(x);
    println!("{}", x);  // 이 라인은 컴파일되지 않음
}
```

함수 dummy에 문자열이 전달된 후 함수를 벗어나면 즉시 x는 삭제됩니다. 그런데 이미 메모리에서 삭제된 x를 9번 라인에서 참조하고 있기 때문에 오류가 발생합니다. 그러면 모든 값은 다른 함수에 전달하면 영원히 사용하지 못하는 걸까요? 이때 사용할 수 있는 두 가지 방법이 있습니다.

소유권 돌려주기

먼저 함수에서 해당 변수의 소유권을 되돌려줄 수 있는 방법이 있습니다. 예제를 보겠습니다.

```
fn dummy(x: String) -> String {
    println!("{}", x);
    x
}

fn main() {
    let x = String::from("Hello");
    let x = dummy(x);
    println!("{}", x);
}
```

▶ 실행 결과

```
Hello
Hello
```

함수 dummy에서 입력 변수 x는 함수 내부에서 사용된 다음 리턴됩니다. 그다음 함수의 리턴값을 재선언한 변수 x에 할당함으로써 소유권이 x로 되돌아옵니다. 좀 더 이해하기 쉽도록 변수명을 다음과 같이 바꿔보겠습니다. 결론적으로, "Hello"라는 값을 소유하고 있는 변수만 x → y → z 순서로 바뀌고, 값은 그대로 있게 됩니다. 하지만 이 방법은 매번 함수의 리턴값을 변수로 재선언해 줘야 하기 때문에 코드의 가독성이 떨어지고, 값이 어느 변수로 이동하는지를 알기 어려운 단점이 있습니다.

```
fn dummy(y: String) -> String {
    println!("{}", y);
    y
}

fn main() {
    let x = String::from("Hello");
    let z = dummy(x);
    println!("{}", z);
}
```

```
Hello
Hello
```

레퍼런스와 소유권 빌리기

러스트에는 값의 소유권을 잠시 빌려줄 수 있는 개념인 **대여**borrow가 있습니다. 변수 앞에 '**&**' 키워드를 사용하면 되는데, 해당 변수의 **레퍼런스**reference를 선언한다는 의미입니다. 레퍼런스란 소유권을 가져가지 않고 해당 값을 참조할 수 있는 방법입니다. 예제를 보겠습니다.

```
fn main() {
    let x = String::from("Hello");
    let y = &x;

    println!("{} {}", x, y);
}
```

▶ 실행 결과

```
Hello Hello
```

`let y = &x;`와 같이 선언하더라도 문자열 "Hello"의 값의 소유권은 여전히 x에 있고, y는 단순히 값을 참조만 합니다. 마지막에서 변수 x와 y를 모두 출력해도 에러가 발생하지 않습니다.

다음 예제에서 dummy 함수의 파라미터 타입은 &String으로, 문자열의 레퍼런스 타입을 의미합니다. main 함수에서 dummy를 실행할 때 변수 x의 레퍼런스인 &x가 전달됐는데, 이는 소유권을 잠시 함수 내부의 y 파라미터에 빌려준다는 의미입니다. 소유권을 대여한 변수가 dummy 함수의 스코프를 벗어나면, 소유권은 원래 소유자인 x에 즉시 되돌아갑니다. 따라서 dummy 함수에서 x에 저장된 문자열 값을 사용하더라도 이후에 x를 통해 문자열을 계속 사용할 수 있게 됩니다. 그래서 마지막에 x를 출력해도 에러가 발생하지 않고 잘 컴파일됩니다.

```
fn dummy(y: &String) {
    println!("{}", y);
    // 소유권이 x로 되돌아감
}
```

```
fn main() {
    let x = String::from("Hello");
    dummy(&x);
    println!("{}", x);
}
```

▶ 실행 결과

```
Hello
Hello
```

가변 레퍼런스

어떤 변수의 레퍼런스를 사용해 원래 변수의 값을 바꾸려면 원래 변수를 가변으로 선언해야 합니다. 다음 예제에서는 변수 x를 함수 dummy에 레퍼런스로 전달합니다. 그리고 push_str 함수로 " world!"라는 문자열을 x의 뒤에 추가하고 있습니다. 그런데 코드를 실행하면 에러가 발생합니다.

```
fn dummy(y: &String) {
    y.push_str(" world!");
    println!("{}", y);
    // 소유권이 x로 되돌아감
}

fn main() {
    let x = String::from("Hello");
    dummy(&x);
    println!("{}", x);
}
```

▶ 실행 결과

```
    Compiling rust_part v0.1.0 (/Users/code/temp/rust_part)
error[E0596]: cannot borrow `*y` as mutable, as it is behind a `&` reference
 --> src/main.rs:2:5
  |
1 | fn dummy(y: &String) {
  |             ------- help: consider changing this to be a mutable reference: `&mut String`
2 |     y.push_str(" world!");
  |     ^^^^^^^^^^^^^^^^^^^^^ `y` is a `&` reference, so the data it refers to cannot be
borrowed as mutable
```

에러 내용을 읽어보면 y에서 소유권을 빌려왔지만, 가변 레퍼런스가 아니어서 값을 수정할 수 없다고 합니다. 컴파일러의 조언에 따라서 y를 가변 레퍼런스로 수정해보겠습니다. 총 세 군데를 수정했습니다.

1. dummy 함수의 파라미터 y의 타입을 &mut String으로 변경
2. 변수 x를 가변 변수로 선언
3. dummy 함수에 x를 전달할 때 가변 레퍼런스 &mut x로 전달

```rust
fn dummy(y: &mut String) { // 1) 가변 레퍼런스
    y.push_str(" world!");
    println!("{}", y);
    // 소유권이 x로 되돌아감
}

fn main() {
    let mut x = String::from("Hello"); // 2) 가변 변수 선언
    dummy(&mut x); // 3) 가변 레퍼런스
    println!("{}", x);
}
```

▶ 실행 결과

```
Hello world!
Hello world!
```

가변 레퍼런스를 사용할 때 소유권 규칙의 두 번째 규칙인 '한 번에 하나의 소유자만 존재할 수 있다'는 점을 주의해야 합니다. 하나의 값에 두 개의 가변 레퍼런스를 만들어보겠습니다. 변수 y와 z는 모두 변수 x의 가변 레퍼런스입니다.

```rust
fn main() {
    let mut x = String::from("Hello");
    let y = &mut x;
    let z = &mut x;

    println!("{} {}", y, z);
}
```

```
   Compiling rust_part v0.1.0 (/Users/code/temp/rust_part)
error[E0499]: cannot borrow `x` as mutable more than once at a time
 --> src/main.rs:4:13
  |
3 |     let y = &mut x;
  |             ------ first mutable borrow occurs here
4 |     let z = &mut x;
  |             ^^^^^^ second mutable borrow occurs here
5 |
6 |     println!("{} {}", y, z);
  |                       - first borrow later used here
```

실행하면 에러가 발생하는데, 변수 x의 소유권을 한 번 이상 대여할 수 없다고 합니다. 하나의 소유권을 여러 개의 변수가 빌릴 수 있다면, 하나의 메모리를 여러 곳에서 접근 가능해 버그가 발생할 수 있습니다. 어떤 가변 레퍼런스에서 값을 변경했는데, 다른 곳에서는 변경 전의 값을 필요로 한다면 예상치 못한 결과가 나올 수 있습니다. 따라서 러스트에서는 하나의 값에 여러 개의 가변 레퍼런스를 허용하지 않습니다. 단순히 레퍼런스를 여러 개 만드는 것이라면 문제가 없습니다.

```rust
fn main() {
    let x = String::from("Hello");
    let y = &x;
    let z = &x;

    println!("{} {}", y, z);
}
```

▶ 실행 결과

```
Hello Hello
```

러스트의 소유권 개념은 러스트 초보자의 입장에서는 정말 어렵고 복잡하게 느껴집니다. 그렇지만 소유권 규칙이 위반되는 경우에는 컴파일러가 에러를 발생시키고 그에 대한 해결책을 제시해주기 때문에 생각보다 금방 익숙해질 수 있습니다.

5.4 클로저와 소유권

앞에서 클로저를 단순히 익명 함수라고만 설명하고 넘어갔습니다. 스코프와 소유권을 배웠으므로 클로저를 좀 더 자세히 알아봅니다. 클로저의 가장 큰 특징은 익명 함수를 만들고 이를 변수에 저장하거나 다른 함수의 인수로 전달할 수 있다는 점입니다.

클로저의 환경 캡처

클로저는 클로저가 선언된 스코프에 있는 지역 변수를 자신의 함수 내부에서 사용할 수 있는데, 이를 **환경 캡처**environment capture라고 합니다. 클로저가 변수를 자신의 스코프 내부로 가져가는 방법은 총 3가지입니다.

- 불변 소유권 대여
- 가변 소유권 대여
- 소유권 이동

다음 예제와 같이, 클로저 func는 같은 스코프에 선언된 변수 multiplier를 자신의 함수 내부에서 사용할 수 있습니다. 이때 multiplier의 값은 클로저에서 사용된 이후에도 스코프 내부에서 사용이 가능합니다. 따라서 클로저는 multiplier를 불변 소유권 대여 방법으로 자신의 내부에서 사용한 것입니다.

```
fn main() {
    let multiplier = 5;

    let func = |x: i32| -> i32 { x * multiplier };

    for i in 1..=5 {
        println!("{}", func(i));
    }

    println!("{}", multiplier); // 👍
}
```

▶ **실행 결과**

```
5
10
15
```

```
20
25
5
```

다음 예제는 `multiplier`를 가변 변수로 선언하고, 클로저 내부에서 `multiplier`의 값을 변경시키고 있습니다. 방금 살펴본 예제와 마찬가지로 클로저 호출이 끝난 다음에도 여전히 `multiplier`에 접근이 가능합니다.

```rust
fn main() {
    let mut multiplier = 5;

    let mut func = |x: i32| -> i32 {
        multiplier += 1;
        x * multiplier
    };

    for i in 1..=5 {
        println!("{}", func(i));
    }

    println!("{}", multiplier); // 👍
}
```

▶ 실행 결과

```
6
14
24
36
50
10
```

move를 사용한 소유권 이동

클로저가 환경으로부터 사용하는 값의 소유권을 가져갈 수도 있습니다. 클로저가 같은 스코프에 선언된 지역 변수의 소유권을 가져가도록 하려면 클로저의 파라미터를 선언하는 코드 앞에 **move** 키워드를 사용하면 됩니다.

```
move | param, ... | body;
```

다음 예제에서 클로저를 리턴하는 함수 factory를 만들었습니다. 여기서 리턴되는 클로저는 factory 함수의 파라미터인 factor를 캡처해 사용합니다. 그다음 factory를 main 함수에서 사용해 만든 클로저를 호출하면 multiplier 변수를 모든 클로저에서 공유할 수 있게 됩니다.

```rust
fn factory(factor: i32) -> impl Fn(i32) -> i32 {
    |x| x * factor
}

fn main() {
    let multiplier = 5;
    let mult = factory(multiplier);
    for i in 1..=3 {
        println!("{}", mult(i));
    }
}
```

앞의 코드를 컴파일하면 다음과 같은 에러가 발생합니다.

```
error[E0597]: `factor` does not live long enough
 --> src/main.rs:2:13
  |
2 |     |x| x * factor
  |     ---     ^^^^^^ borrowed value does not live long enough
  |     |
  |     value captured here
3 | }
  | -
  | |
  | `factor` dropped here while still borrowed
  | borrow later used here

For more information about this error, try `rustc --explain E0597`.
error: could not compile `notebook` due to previous error
```

factor 변수가 클로저 안에 캡처될 때 소유권이 factory로부터 클로저로 대여됩니다. 하지만 factory 함수가 종료되면 factor 변수의 값이 삭제되기 때문에 리턴된 클로저에서 더는 factor를 사용할 수 없는 문제가 발생합니다. 이를 방지하기 위해서는 클로저 안으로 factor의 소유권을 이동시키면 됩니다. 이때 사용되는 키워드가 move입니다. move는 캡처된 변수의 소유권을 클로저 안으로 이동시킵니다.

```rust
fn factory(factor: i32) -> impl Fn(i32) -> i32 {
    move |x| x * factor
}

fn main() {
    let multiplier = 5;
    let mult = factory(multiplier);
    for i in 1..=3 {
        println!("{}", mult(i));
    }
}
```

▶ 실행 결과

```
5
10
15
```

> **NOTE**
>
> 클로저에서 move를 가장 많이 사용하는 경우는 멀티스레드 혹은 비동기 프로그래밍을 작성할 때입니다.

5.5 연습문제

1. [소유권 돌려주기] take_ownership 함수를 수정해 코드가 작동하도록 만들어보세요.

```rust
fn take_ownership(s: String) {
    println!("{}", s);
}

fn main() {
    let s1 = String::from("hello, world");
    let s2 = take_ownership(s1);

    println!("{}", s2);
}
```

2. [레퍼런스] 다음 코드가 작동하도록 고쳐보세요.

```
fn main() {
    let x = String::from("hello, world");
    let y = x;
    println!("{},{}",x,y);
}
```

3. [가변 레퍼런스] 다음 코드가 동작하도록 고쳐보세요.

```
fn main() {
    // 이 라인을 수정하세요
    let  s = String::from("hello, ");

    borrow_object(&mut s);

    println!("Success!");
}

fn borrow_object(s: &mut String) {
    println!("{}", s);
}
```

4. [환경 캡처] 다음 코드에서 오른쪽 코드가 컴파일되지 않는 이유를 설명해보세요.

```
fn main() {
    let mut name = "🙇".to_string();

    let mut inc1 = || {
        name.push_str("🖤");
        println!("{}", name);
    };

    inc1();

    let mut inc2 = || {
        name.push_str("🦀");
        println!("{}", name);
    };

    inc2();
}
```

```
fn main() {
    let mut name = "🙇".to_string();

    let mut inc1 = move || {
        name.push_str("🖤");
        println!("{}", name);
    };

    inc1();

    let mut inc2 = move || {
        name.push_str("🦀");
        println!("{}", name);
    };

    inc2();
}
```

5. [move] 아래 코드가 정상적으로 실행되도록 factory 함수를 수정하세요.

- 힌트: 클로저의 타입은 impl Fn(_) -> _와 같이 작성하면 됩니다.

```
fn factory() -> _ {
    let num = 5;

    |x| x + num
}

fn main() {
    println!("{}", factory()(1));
}
```

6

자료구조와 이터레이터

자료구조data structure란, 컴퓨터에서 어떤 값의 모음을 효율적으로 나타내기 위한 방법을 말합니다. 정수 10개를 다음과 같이 변수 10개에 저장해보겠습니다.

```
let num1 = 1;
let num2 = 2;
let num3 = 3;

...생략...

let num10 = 10;
```

이렇게 변수를 여러 개 만들면 각 변수들이 독립적으로 존재하기 때문에 의미적으로 연결해서 생각하기가 어렵습니다. 또한 다른 함수나 변수에 값들을 전달하려면 모든 변수를 전달해야 하기 때문에 번거롭습니다. 따라서 여러 개의 값을 하나로 묶어서 관리하면 편리합니다.

```
let nums = [1, 2, 3, 4, 5, 6, 7, 8, 9, 10];
```

6장에서는 다양한 용도로 값들을 묶어서 표현할 수 있는 자료구조와 함께, 자료구조에서 값을 하나씩 꺼내 사용하는 이터레이터iterator를 알아보겠습니다.

6.1 한눈에 보기

표 6-1은 러스트에서 가장 자주 쓰이는 자료구조와 각각에 매칭되는 파이썬의 자료구조입니다. 다만 array는 파이썬 내장 타입 중에는 비슷한 자료구조가 없어서 파이썬의 계산과학 라이브러리인 numpy의 array 타입과 비교했습니다.

표 6-1 파이썬과 러스트의 자료구조

파이썬	러스트
list	Vec
np.array	array
tuple	()
Enum	Enum
dict	std::collections::HashMap
str	String, &str

참고로 이 외에도 다양한 자료구조[15]가 러스트에 포함돼 있습니다.

- Sequences: VecDeque, LinkedList
- Maps: BTreeMap
- Sets: HashSet, BTreeSet
- Misc: BinaryHeap

6.2 벡터

벡터는 러스트에서 가장 널리 사용되는 자료형 중 하나로, 여러 개의 값을 하나로 묶어서 사용할 수 있습니다. 벡터는 길이를 런타임에 동적으로 변경 가능하다는 점이 특징입니다. 따라서 벡터의 값은 힙 영역에 저장됩니다

벡터 선언

벡터의 선언은 두 가지로 가능합니다. 첫 번째는 Vec 구조체의 from 메서드를 사용해 배열로부터

---

15 https://doc.rust-lang.org/std/collections/

벡터를 만드는 방법입니다. 두 번째는 vec! 매크로를 사용해 벡터를 만드는 방법입니다. 값을 직접 입력해 벡터를 만들면 좀 더 간결하게 매크로를 사용할 수 있습니다. 이때 컴파일러가 원소의 값으로부터 타입을 추론할 수 있기 때문에 타입을 명시해주지 않아도 됩니다.

```
fn main() {
    let vec1 = Vec::from([1, 2, 3]);
    let vec2 = vec![1, 2, 3];
}
```

비어 있는 벡터를 선언할 때는 원소로부터 타입을 추론할 수 없으므로 타입을 꼭 명시해야 합니다.

```
fn main() {
    let vec3: Vec<i32> = Vec::new();
    let vec4: Vec<i32> = vec![];
}
```

벡터 원소 접근하기

벡터의 원소는 인덱스index를 사용해 접근할 수 있습니다. 두 번째 원소 2를 인덱스로 접근해 변수 num에 할당하고, 출력하는 예제를 만들어봅니다. 먼저 파이썬 코드는 다음과 같습니다.

▶ 파이썬

```
vec1 = [1, 2, 3]
num = vec1[1]

print(num)
```

▶ 실행 결과

```
2
```

같은 내용을 러스트로 구현합니다.

▶ 러스트

```
fn main() {
    let vec1 = vec![1, 2, 3];

    let num = vec1[1];

    println!("{}", num);
}
```

▶ 실행 결과

```
2
```

벡터에 값 추가하기

벡터를 선언하고 값을 추가해봅니다. 먼저 파이썬에서 벡터와 비슷한 리스트로 같은 내용을 구현하면 다음과 같습니다. 리스트의 마지막에 4, 5, 6을 추가합니다.

▶ 파이썬

```
vec1 = [1, 2, 3]
vec1.append(4)
vec1.append(5)
vec1.append(6)

print(vec1)
```

▶ 실행 결과

```
[1, 2, 3, 4, 5, 6]
```

마찬가지로 벡터의 마지막에 값을 추가합니다. push 메서드를 사용하면 원소를 벡터 마지막에 하나씩 추가할 수 있습니다. 벡터 vec1이 바뀌기 때문에 처음에 vec1을 가변 변수로 선언해야 한다는 점을 주의해야 합니다. 마지막으로, 벡터를 출력할 때는 디버그 모드를 사용해야 합니다. 따라서 서식을 "{:?}"로 사용합니다.

▶ 러스트

```
fn main() {
    let mut vec1 = vec![1, 2, 3];

    vec1.push(4);
    vec1.push(5);
    vec1.push(6);

    println!("{:?}", vec1);
}
```

▶ 실행 결과

```
[1, 2, 3, 4, 5, 6]
```

벡터에서 값 삭제하기

리스트 [1, 2, 3]에서 마지막 원소 3을 제거한 다음, 맨 앞의 원소 1을 제거해봅니다. 파이썬의 pop 메서드는 실행 시 원소를 제거하고 제거된 값을 리턴합니다.

▶ 파이썬

```
vec1 = [1, 2, 3]
num1 = vec1.pop()
num2 = vec1.pop(0)

print(num1, num2, vec1)
```

▶ 실행 결과

```
3 1 [2]
```

러스트는 pop 메서드에 인덱스를 넣을 수 없고, 무조건 마지막 원소가 제거됩니다. 마지막 원소가 아닌 다른 원소를 제거하려면 remove 메서드에 인덱스를 넣어야 합니다. 러스트의 pop과 remove 모두 원소를 제거하고, 제거된 원소를 리턴합니다. 여기서 만일 벡터의 원소가 없는 상태에서 pop 을 하게 되면 문제가 발생할 수 있습니다. 따라서 unwrap 함수를 통해 에러가 있는지를 확인하는 과정을 거치게 됩니다. 즉 벡터의 길이가 0인 상태에서 pop을 호출하면 패닉이 발생해 프로그램이 멈추지만, 그게 아니라면 정상적으로 원소를 참조할 수 있게 됩니다. 러스트의 에러 처리에 관해서는 10장에서 자세히 다루기 때문에 여기서는 에러가 발생할 수 있을 때 unwrap을 한다고만 이해해도 됩니다.

▶ **러스트**

```rust
fn main() {
    let mut vec1 = vec![1, 2, 3];

    let num1 = vec1.pop().unwrap();
    let num2 = vec1.remove(0);

    println!("{} {} {:?}", num1, num2, vec1);
}
```

▶ **실행 결과**

```
3 1 [2]
```

데크

3장에서 살펴본 피보나치 수열 문제를 여기서 다시 살펴보겠습니다. 파이썬과 비슷하게 내부 함수로 재귀를 구현하고, 캐시를 **데크**deque를 사용해 구현하면 가능합니다.

```rust
fn fib(n: u32) -> u32 {
    fn _fib(n: u32, cache: &mut Vec<u32>) -> u32 {
        if n < cache.len() as u32 {
            cache[n as usize]
        } else {
            let result = _fib(n - 1, cache) + _fib(n - 2, cache);
            cache.push(result);
            result
        }
    }

    let mut cache = vec![0, 1];
    _fib(n, &mut cache)
}

fn main() {
    println!("{}", fib(10));
}
```

참고로 파이썬의 리스트와 러스트의 벡터 모두 맨 앞의 원소를 제거하는 데 시간 복잡도가 $O(n)$ 만큼 소요되므로 맨 앞에서 원소를 자주 제거해야 한다면 데크를 사용하는 것이 좋습니다. 파이썬은 collections 모듈의 deque를 사용합니다.

▶ 파이썬

```python
from collections import deque

deq = deque([1, 2, 3])
print(deq.popleft())
```

▶ 실행 결과

```
1
```

러스트에서는 VecDeque를 사용합니다. 여기서도 벡터의 pop과 같이 데크의 길이가 0인 경우를 처리하기 위해서 unwrap을 사용합니다.

▶ 러스트

```rust
use std::collections::VecDeque;

fn main() {
    let mut deq = VecDeque::from([1, 2, 3]);
    println!("{}", deq.pop_front().unwrap());
}
```

▶ 실행 결과

```
1
```

6.3 배열

배열 선언

배열array이란, 같은 타입의 값이 모여 있는 길이가 고정된 자료형입니다. 파이썬에서 비슷한 내장 자료형은 없지만, 넘파이numpy의 배열인 **np.array**가 가장 이와 유사합니다. 넘파이는 내부적으로

C로 구현된 배열을 갖고 있고, 파이썬에서 이 배열의 값을 꺼내서 사용하는 방식으로 작동합니다. 넘파이 배열을 이용해 열두 달을 나타내면 다음과 같습니다.

▶ 파이썬

```python
import numpy as np

months = np.array(
    [
        "January",
        "February",
        "March",
        "April",
        "May",
        "June",
        "July",
        "August",
        "September",
        "October",
        "November",
        "December",
    ]
)
print(months)
```

▶ 실행 결과

```
['January' 'February' 'March' 'April' 'May' 'June' 'July' 'August'
 'September' 'October' 'November' 'December']
```

full 함수를 사용하면 배열을 간단하게 한 번에 초기화할 수 있습니다.

▶ 파이썬

```python
nums = np.full(5, 3)
print(nums)
```

▶ 실행 결과

```
[3 3 3 3 3]
```

러스트의 배열의 길이는 처음 선언된 이후 바꿀 수 없습니다. 배열을 사용하면 벡터와 다르게 메모리가 스택 영역에 저장돼 값에 빨리 접근할 수 있다는 장점이 있습니다. 이때 배열의 원소들은 모두 같은 타입이어야 합니다.

배열의 선언은 대괄호 안에 콤마로 구분된 값을 나열합니다.

▶ 러스트

```rust
fn main() {
    let months = [
        "January",
        "February",
        "March",
        "April",
        "May",
        "June",
        "July",
        "August",
        "September",
        "October",
        "November",
        "December",
    ];
    println!("{:?}", months);
}
```

▶ 실행 결과

```
["January", "February", "March", "April", "May", "June", "July", "August", "September",
"October", "November", "December"]
```

러스트에서도 편리한 배열 초기화를 지원합니다. [3; 5]와 같이 표기하면 숫자 3을 5번 나열하라는 의미입니다.

▶ 러스트

```rust
fn main() {
    let nums = [3; 5];
    println!("{:?}", nums);
}
```

```
[3, 3, 3, 3, 3]
```

원소 참조

넘파이 배열의 원소들은 인덱스를 통해 접근이 가능합니다.

▶ **파이썬**

```
import numpy as np

nums = np.full(5, 3)
nums[1] = 1
print(nums)
```

▶ **실행 결과**

```
[3 1 3 3 3]
```

러스트 배열도 같습니다. 이번에는 배열 원소를 수정해야 하기 때문에 nums 배열을 가변 변수로 선언합니다.

▶ **러스트**

```
fn main() {
    let mut nums = [3; 5];
    nums[1] = 1;
    println!("{:?}", nums);
}
```

▶ **실행 결과**

```
[3, 1, 3, 3, 3]
```

넘파이 배열의 길이보다 큰 값을 참조하려고 하면 에러가 발생합니다.

```
import numpy as np

nums = np.full(5, 3)
print(nums[5])
```

▶ 실행 결과

```
Traceback (most recent call last):
  File "/Users/code/temp/python/main.py", line 4, in <module>
    print(nums[5])
IndexError: index 5 is out of bounds for axis 0 with size 5
```

러스트 코드는 컴파일 시 인덱스가 범위를 벗어난다는 에러가 발생합니다.

▶ 러스트

```
fn main() {
    let nums = [3; 5];
    println!("{}", nums[5]);
}
```

▶ 실행 결과

```
Compiling rust_part v0.1.0 (/Users/code/temp/rust_part)
error: this operation will panic at runtime
 --> src/main.rs:3:20
  |
3 |     println!("{}", nums[5]);
  |                    ^^^^^^^ index out of bounds: the length is 5 but the index is 5
  |
  = note: `#[deny(unconditional_panic)]` on by default

error: could not compile `rust_part` due to previous error
```

하지만 이렇게 미리 참조할 배열 인덱스를 컴파일러가 알 수 없을 때는 런타임에 에러가 발생하기
도 하므로 주의해야 합니다.

▶ 러스트

```rust
fn main() {
    let nums = [3; 5];
    for i in 0..nums.len() + 1 {
        println!("{}", nums[i]);
    }
}
```

▶ 실행 결과

```
3
3
3
3
3
thread 'main' panicked at 'index out of bounds: the len is 5 but the index is 5', src/main.rs:4:24
note: run with `RUST_BACKTRACE=1` environment variable to display a backtrace
```

배열은 벡터와 자주 비교되는데, 데이터의 길이가 컴파일 타임에 정해질 때는 배열을, 데이터의 길이가 런타임에 정해질 때는 벡터를 사용합니다.

6.4 튜플

튜플은 프로그래밍에서 가장 대표적인 열거형 자료형으로, 값들을 순서대로 나열해 저장하는 데이터 구조입니다. 파이썬과 러스트 모두 튜플 자료형을 갖고 있습니다.

튜플 선언

파이썬의 튜플은 소괄호 안에 콤마로 구분된 값을 넣어서 선언합니다.

▶ 파이썬

```python
tup1 = (0, 0.1, "hello")
tup2 = (1, 1.01, "bye")

_, y, _ = tup2

print(f"tup1 has {tup1} and the value of y is {y}")
```

```
tup1 has (0, 0.1, 'hello') and the value of y is 1.01
```

러스트의 튜플도 소괄호 안에 콤마로 구분된 값을 넣어서 선언합니다. 변수의 타입을 컴파일러가 추론하는 것처럼 튜플의 타입도 컴파일러가 추론하므로 타입을 명시할 필요가 없습니다. 하지만 타입을 직접 명시해도 상관없습니다.

▶ 러스트

```
fn main() {
    let tup1 = (0, 0.1, "hello");
    let tup2: (i32, f64, &str) = (1, 1.01, "bye");

    let (_, y, _) = tup2;

    println!("tup1 has {:?} and the value of y is: {}", tup1, y);
}
```

▶ 실행 결과

```
tup1 is (0, 0.1, "hello") and the value of y is: 1.01
```

원소 참조

파이썬에서 튜플 원소를 참조하려면 인덱스를 넣으면 됩니다.

▶ 파이썬

```
tup1 = (0, 0.1, ("hello", "world"))

print(tup1[2][0], tup1[2][1])
```

▶ 실행 결과

```
hello world
```

러스트에서 약간 특이한 방식으로 튜플 원소를 참조합니다. 튜플 이름 뒤에 점(.)을 붙이고 그 뒤에 인덱스를 입력합니다. 다중 튜플이라면 점을 한 번 더 찍고 인덱스를 입력하면 됩니다. 참고로

tup1.2 .0에 1과 2 사이의 공백은 넣지 않아도 정상적으로 코드가 실행되지만, rustfmt를 사용해 포매팅을 하면 공백이 추가되는 것을 알 수 있습니다.

▶ 러스트

```rust
fn main() {
    let tup1 = (0, 0.1, ("hello", "world"));

    println!("{} {}", tup1.2 .0, tup1.2 .1);
}
```

▶ 실행 결과

```
hello world
```

튜플 불변성

파이썬에서의 튜플과 러스트의 튜플은 차이점은 바로 불변성입니다. 파이썬의 튜플은 한 번 선언되면 원소의 내용을 바꾸거나, 튜플의 크기를 변경할 수 없습니다.

▶ 파이썬

```python
tup1 = (0, 0.1, "hello")

x = tup1[0]
_, y, _ = tup1

x = 1
y = 1.1

print(tup1, x, y)

tup1[0] = 3
```

▶ 실행 결과

```
(0, 0.1, 'hello') 1 1.1
Traceback (most recent call last):
  File "main.py", line 11, in <module>
    tup1[0] = 3
TypeError: 'tuple' object does not support item assignment
```

마찬가지로 러스트의 튜플도 한 번 선언되면 크기를 변경할 수 없지만, 원소의 내용은 바꿀 수 있습니다. 다만 처음 선언한 타입은 그대로 유지돼야 합니다.

▶ 러스트

```
fn main() {
    let mut tup1 = (0, 0.1, "hello");

    let mut x = tup1.0;
    let (_, mut y, _) = tup1;

    x = 1;
    y = 1.1;

    println!("{:?} {} {}", tup1, x, y);

    tup1.0 = 3;
}
```

▶ 실행 결과

```
(0, 0.1, "hello") 1 1.1
```

6.5 해시맵

해시맵은 키와 값을 묶어서 관리하는 자료형으로, 키에 대응하는 값을 빨리 찾을 수 있는 장점이 있습니다. 특히 데이터를 인덱스로 관리하지 않을 때 유용합니다.

파이썬에서는 해시맵을 딕셔너리로 구현하고 있습니다. 다음 예제 코드에서는 songs 딕셔너리에 가수 이름과 대표 곡을 넣어뒀습니다. 그리고 딕셔너리에 특정 키나 값이 포함돼 있는지를 찾는 방법, 새로운 키를 넣거나 기존의 값을 업데이트하는 방법, 마지막으로 특정 원소를 삭제하는 방법 그리고 존재하지 않는 키를 참조할 때의 처리 방법을 다루고 있습니다.

▶ 파이썬

```
songs = {
    "Toto": "Africa",
    "Post Malone": "Rockstar",
    "twenty one pilots": "Stressed Out",
```

```
}
print("----- Playlists -----")
if "Toto" in songs and "Africa" in songs.values():
    print("Toto's africa is the best song!")

songs["a-ha"] = "Take on Me"  # Insert
songs["Post Malone"] = "Happier"  # Update

for artist, title in songs.items():
    print(f"{artist} - {title}")
print("--------------------")

songs.pop("Post Malone")  # Delete
print(songs.get("Post Malone", "Post Malone is not in the playlist"))
```

▶ **실행 결과**

```
----- Playlists -----
Toto's africa is the best song!
Toto - Africa
Post Malone - Happier
twenty one pilots - Stressed Out
a-ha - Take on Me
--------------------
Post Malone is not in the playlist
```

러스트에서는 해시맵을 HashMap을 이용해 구현이 가능합니다. 다음 예제에서는 파이썬 코드와 똑같이 해시맵을 선언하고 가수 이름과 대표곡을 저장했습니다. 그리고 특정 키나 값이 해시맵에 포함돼 있는지를 검사합니다. 새로운 키와 값의 쌍을 추가하고 수정하며 삭제하는 방법, 존재하지 않는 키를 참조했을 때의 처리 방법을 소개합니다. 여기서 마지막에 unwrap_or(&...)는 앞의 코드가 에러를 발생시켰을 때 처리하는 방법으로, 자세한 문법은 10장에서 알아봅니다.

▶ **러스트**

```rust
use std::collections::HashMap;

fn main() {
    // HashMap은 삽입 순서 보존이 되지 않습니다.
    let mut songs = HashMap::from([
        ("Toto", "Africa"),
        ("Post Malone", "Rockstar"),
        ("twenty one pilots", "Stressed Out"),
```

```
    ]);
    println!("----- Playlists -----");
    if songs.contains_key("Toto") && songs.values().any(|&val| val == "Africa") {
        println!("Toto's africa is the best song!");
    }

    songs.insert("a-ha", "Take on Me"); // Insert
    songs.entry("Post Malone").and_modify(|v| *v = "Happier"); // Update

    for (artist, title) in songs.iter() {
        println!("{} - {}", artist, title);
    }

    println!("--------------------");
    songs.remove("Post Malone"); // Delete
    println!(
        "{:?}",
        songs
            .get("Post Malone")
            .unwrap_or(&"Post Malone is not in the playlist")
    );
}
```

▶ 실행 결과

```
----- Playlists -----
Toto's africa is the best song!
Post Malone - Happier
Toto - Africa
twenty one pilots - Stressed Out
a-ha - Take on Me
--------------------
"Post Malone is not in the playlist"
```

여기서 파이썬과 러스트의 출력 순서가 다른데, 이는 파이썬이 3.6버전부터 원소의 삽입 순서를
보존하기 때문입니다. 러스트에서도 삽입 순서를 보존하고 싶다면 HashMap 대신 indexmap 크레이
트[16]를 사용해야 합니다.

---

16 https://github.com/bluss/indexmap

6.6 문자열

문자열 생성하기

문자열을 만드는 방법은 두 가지입니다. 코드가 컴파일될 때 스택 영역에 만들어지는 str과 런타임에 힙 영역에 메모리가 할당되는 String입니다.

str 타입은 문자열 리터럴이라고 하며 다음과 같이 선언합니다. str 타입은 한 번 만들어지면 값을 변경하거나 길이를 바꿀 수 없습니다.

```
fn main() {
    let s = "hello";
    println!("{}", s);
}
```

문자열이나 스트링이라고 불리는 String 타입은 다음과 같이 여러 방법으로 선언이 가능합니다. String 타입은 힙 영역에 값이 선언되기 때문에 벡터와 마찬가지로 동적으로 값이나 길이를 바꿀 수 있습니다.

```
fn main() {
    // 비어 있는 스트링 만들기
    let mut s = String::new();

    // 스트링 리터럴로부터 스트링 만들기
    let data = "initial contents";
    let s = data.to_string();
    let s = "initial contents".to_string();

    // String::from()을 사용해 스트링 만들기
    let s = String::from("initial contents");
}
```

문자열 슬라이스

&str은 문자열 리터럴의 레퍼런스 연산자를 붙인 형태입니다. 이 형태를 문자열의 일부라는 뜻의 **문자열 슬라이스**라고 부릅니다.

문자열 슬라이스를 사용하는 이유는 두 가지가 있습니다. 첫째, str 타입이 스택 영역에 저장돼 있

기 때문에 원본 값을 사용할 수 없고, 따라서 값의 레퍼런스를 사용해야 하기 때문입니다.

둘째, String 타입의 문자열을 선언한 다음 그 일부분을 참조하면 문자열 슬라이스가 되기 때문입니다.

```rust
fn main() {
    let greet = String::from("Hi, buzzi!");
    // let name = "buzzi!";
    let name = &greet[4..];
    println!("{}", name);
}
```

▶ 실행 결과

```
buzzi!
```

문자열 슬라이스를 사용할 때 러스트의 모든 문자열은 UTF-8로 인코딩돼 있다는 점을 주의해야 합니다. 실제로 문자열 슬라이스의 인덱스는 문자 단위가 아닌 바이트 스트림의 바이트 단위입니다. 다음 예제를 살펴봅시다(이모지를 입력하려면 윈도우에서는 ▨+⊡, macOS에서는 Command+Control+Space를 동시에 또는 순서대로 누릅니다).

```rust
fn main() {
    let greet = String::from("Hi😀 buzzi!");
    let name = &greet[4..];
    println!("{}", name);
}
```

▶ 실행 결과

```
thread 'main' panicked at 'byte index 4 is not a char boundary; it is inside '😀'
(bytes 2..6) of `Hi😀 buzzi!`', src/main.rs:4:17
```

일반적인 알파벳 문자는 바이트 스트림에서 1바이트를 차지하지만, 유니코드로 만들어진 이모지 emoji는 4바이트를 차지하기 때문입니다. 바이트 4에 해당하는 인덱스가 이모지 중간에 위치하므로 정상적으로 문자열을 잘라낼 수 없게 됩니다. 따라서 반드시 스트링을 문자 단위로 슬라이스하고 싶다면 문자열을 벡터로 만들어줘야 합니다.

```rust
fn main() {
    let greet = String::from("Hi😀 buzzi!");
    let greet_chars: Vec<char> = greet.chars().collect();
    let name = &greet_chars[4..].iter().collect::<String>();
    println!("{:?}", name);
}
```

정리하면 다음과 같습니다.

- 문자열 데이터의 소유권을 다뤄야 할 때: String
- 문자열의 값만 필요할 때: &str

6.7 열거형

열거형은 여러 상수의 집합으로 새로운 타입을 선언하는 방법입니다. 파이썬에서는 Enum 클래스를 상속해 열거형을 만들 수 있습니다. 다음과 같이 Languages 클래스를 선언하고, python, rust, javascript, go 4개의 값을 타입에 선언했습니다. echo 메서드를 정의했는데, 이 메서드는 Enum 클래스에 미리 정의된 name 프로퍼티를 출력합니다.

선언된 열거형을 이용해, 어떤 변수의 값에 따라 다른 행동을 하도록 할 수 있습니다. 여기서 language 변수와 비교되는 값들이 Language 클래스의 값들인 Languages.*라는 점을 기억해야 합니다.

▶ 파이썬

```python
from enum import Enum


class Languages(Enum):
    PYTHON = "python"
    RUST = "rust"
    JAVASCRIPT = "javascript"
    GO = "go"

    def echo(self):
        print(self.name)


language = Languages.RUST
language.echo()
```

language 변수의 값에 따라 서로 다른 결과를 출력해보겠습니다.

```python
if language == Languages.PYTHON:
    print("I love Python")
elif language == Languages.GO:
    print("I love Go")
elif language == Languages.JAVASCRIPT:
    print("I love Javascript")
else:
    print("I love Rust🦀")
```

▶ 실행 결과

```
I love Rust🦀
```

러스트의 열거형은 enum 키워드로 선언이 가능합니다. 이때 값이 없는 열거형과 값이 있는 열거형 두 가지를 만들 수 있는데, 먼저 값이 없는 열거형을 만들면 다음과 같습니다. impl 블록으로 열거형에서 사용할 메서드를 만들 수 있습니다. 이에 관련한 자세한 문법은 나중에 좀 더 자세히 다루겠습니다. 마지막으로, 파이썬에서 if문을 사용한 것과 다르게, 러스트에서는 match를 이용해 열거형의 값에 따라 다른 행동을 하도록 만듭니다.

> **NOTE**
> 여기서 #[...]은 애트리뷰트attribute라고 하는 기능으로, 파이썬의 데코레이터decorator와 비슷합니다. 다만 애트리뷰트는 모듈, 구조체, 함수 등에 모두 적용 가능하고, 매크로를 정의해 사용한다는 점이 약간 다릅니다.

▶ 러스트

```rust
#[derive(Debug)] // 콘솔 출력을 위해 Debug 트레이트 추가
enum Languages {
    Python,
    Rust,
    Javascript,
    Go,
}
```

```
impl Languages {
    fn echo(&self) {
        println!("{:?}", &self);
    }
}

fn main() {
    let language = Languages::Rust;
    language.echo();

    match language {
        Languages::Python => println!("I love Python"),
        Languages::Go => println!("I love Go"),
        Languages::Javascript => println!("I love Javascript"),
        _ => println!("I love Rust🦀"),
    }
}
```

▶ 실행 결과

```
Rust
I love Rust🦀
```

열거형에 값을 지정하려면 열거형을 선언하면서 타입을 지정하면 됩니다. 열거형 변수 뒤에 (타입)과 같이 입력하면 됩니다. 이제 열거형 변수를 선언할 때, 해당 타입에 대한 정보를 추가로 입력해줘야 합니다. indo라는 변수에 학년은 A, 이름은 indo라는 값을 넣으려면 다음과 같습니다.

```
let indo = Job::Student(Grade::A, "indo".to_string());
```

indo 변수의 값에 따라 서로 다른 내용을 출력하도록 match를 사용한 전체 코드는 다음과 같습니다.

```
#[derive(Debug)] // 콘솔 출력을 위해 Debug 트레이트 추가
enum Grade {
    A,
    B,
    C,
}

enum Job {
    Student(Grade, String),
```

```
        Developer(String),
    }

    fn main() {
        let indo = Job::Student(Grade::A, "indo".to_string());

        match indo {
            Job::Student(grade, name) => {
                println!("{} is a student with grade {:?}", name, grade);
            }
            Job::Developer(name) => {
                println!("{} is a developer", name);
            }
        }
    }
```

▶ 실행 결과

```
indo is a student with grade A
```

Option 열거형

Option<T> 열거형은 Some(T)와 None값을 가질 수 있습니다. Option<T> 열거형은 T 타입의 값이 있을 수도 있고 없을 수도 있음을 나타냅니다.

```
enum Option<T> {
    Some(T),
    None,
}
```

Option을 사용하려면 열거형 변수 중 하나인 Some을 사용해 값을 감싸주기만 하면 됩니다. 값이 없음을 나타내려면 None을 사용합니다.

```
fn main() {
    let some_number = Some(5);
    let some_string = Some("a string");

    let absent_number: Option<i32> = None;

    println!("{:?} {:?} {:?}", some_number, some_string, absent_number);
}
```

```
Some(5) Some("a string") None
```

match를 사용한 패턴 매칭

Option은 주로 match와 함께 사용됩니다. 그 이유는 다음 코드를 실행해보면 알 수 있습니다.

```rust
fn check_len(vec: Vec<i32>) -> Option<usize> {
    match vec.len() {
        0 => None,
        _ => Some(vec.len()),
    }
}

fn main() {
    let nums = vec![1, 2, 3];

    match check_len(nums) {
        Some(len) => println!("Length: {}", len),
    }
}
```

▶ 실행 결과

```
error[E0004]: non-exhaustive patterns: `None` not covered
  --> src/main.rs:11:11
   |
11 |     match check_len(nums) {
   |           ^^^^^^^^^^^^^^^^ pattern `None` not covered
   |
```

컴파일러가 match에서 None이 처리되지 않았다고 합니다. 즉 Option과 match를 함께 사용하면, 값이 들어있는 경우와 들어있지 않은 경우의 두 가지를 반드시 체크하게 됩니다. 덕분에 예상치 못한 결과가 발생하는 것을 막을 수 있습니다. None을 추가한 코드는 다음과 같습니다.

```rust
fn check_len(vec: Vec<i32>) -> Option<usize> {
    match vec.len() {
        0 => None,
        _ => Some(vec.len()),
    }
```

```
}

fn main() {
    let nums = vec![1, 2, 3];

    match check_len(nums) {
        Some(len) => println!("Length: {}", len),
        None => println!("No elements"),
    }
}
```

```
Length: 3
```

if let 구문

Option의 결과에 따라서 특정 행동만 하고 싶다면 if let 구문을 사용하면 됩니다.

```
fn main() {
    let val = Some(3);
    match val {
        Some(3) => println!("three"),
        _ => (),
    }

    if let Some(3) = val {
        println!("three");
    }
}
```

▶ 실행 결과

```
three
three
```

Result<T, E> 열거형

Result<T, E> 열거형은 Ok(T)와 Err(E) 값을 가질 수 있습니다. Ok는 결괏값이 정상적으로 존재함을 의미하고, Err는 에러가 발생했음을 나타냅니다.

```
enum Result<T, E> {
    Ok(T),
    Err(E),
}
```

match를 사용한 패턴 매칭

Result 열거형은 두 가지 값을 갖기 때문에 각각의 경우에 다른 행동을 할 수 있도록 match와 함께 사용될 때가 많습니다. 다음 코드는 파일이 있으면 파일의 내용을 출력하고, 파일이 없으면 패닉을 일으킵니다. 현재 파일이 없는 상황에서 코드를 실행해보겠습니다.

```
use std::fs::File;
use std::io::Read;

fn main() {
    let mut s = String::new();
    match File::open("hello.txt") {
        Ok(mut file) => {
            file.read_to_string(&mut s).unwrap();
            println!("{}", s);
        }
        Err(error) => panic!("There was a problem opening the file: {:?}", error),
    };
}
```

▶ 실행 결과

```
thread 'main' panicked at 'There was a problem opening the file: Os { code: 2, kind: NotFound,
message: "No such file or directory" }', src/main.rs:6:23
note: run with `RUST_BACKTRACE=1` environment variable to display a backtrace
```

if let 구문

if let 구문은 Result<T, E> 열거형의 값에 따라 다른 값을 리턴합니다. Result<T, E> 열거형의 값이 Ok(T)라면 T 값을, Err(E)라면 E를 리턴합니다. 다음 코드는 위에서 살펴본 match를 사용한 코드를 if let을 사용하도록 고친 예제입니다.

```
use std::fs::File;
use std::io::Read;
```

```
fn main() {
    let mut s = String::new();
    if let Ok(mut file) = File::open("hello.txt") {
        file.read_to_string(&mut s).unwrap();
        println!("{}", s);
    } else {
        panic!("There was a problem opening the file");
    }
}
```

? 연산자

? 연산자는 Result를 리턴하는 함수에서만 사용할 수 있습니다. Result에 ? 연산자를 사용해 결과
가 성공적이면 Ok 안에 있는 값을, 성공적이지 않으면 Err에 있는 에러값과 함께 함수에서 즉시 리
턴됩니다.

다음은 my_best_friends.txt 파일을 만들고 파일에 텍스트를 입력하는 예제입니다. 파일을 생성
할 때와 파일에 값을 쓸 때 에러가 발생할 수 있어서 각 경우를 처리하고 있습니다. 코드가 정상
적으로 실행된다면 현재 경로에 텍스트 파일이 생성되고 파일에 name: John이 입력돼 있을 것입
니다.

```
use std::fs::File;
use std::io::{self, Write};

fn write_info(name: &str) -> io::Result<()> {
    match File::create("my_best_friends.txt") {
        // 파일 생성시 에러가 발생하면 종료
        Err(e) => return Err(e),
        Ok(mut f) => {
            if let Err(e) = f.write_all(format!("name: {}\n", name).as_bytes()) {
                // 파일 쓰기시 에러가 발생하면 종료
                return Err(e);
            }
        }
    };
```

```
    // 파일 생성 및 쓰기가 성공하면 Ok(()) 리턴
    Ok(())
}

fn main() {
    if let Ok(_) = write_info("John") {
        println!("Writing to file succeeded!");
    }
}
```

▶ 실행 결과

```
Writing to file succeeded!
```

코드가 정상적으로 작동하지만, 분기문이 너무 많아서 불편합니다. ?를 사용하면 훨씬 간결한 코드를 만들 수 있습니다. 즉 ?는 에러가 발생하면 에러를 즉시 리턴해 함수를 종료하고, Ok면 결괏값만 리턴하고 다음 코드로 넘어갑니다.

```
use std::fs::File;
use std::io::{self, Write};

fn write_info(name: &str) -> io::Result<()> {
    // 파일 생성시 에러가 발생하면 종료
    let mut file = File::create("my_best_friends.txt")?;
    // 파일 생성 및 쓰기가 성공하면 Ok(()) 리턴
    file.write_all(format!("name: {}\n", name).as_bytes())?;
    Ok(())
}

fn main() {
    if let Ok(_) = write_info("John") {
        println!("Writing to file succeeded!");
    }
}
```

? 연산자를 사용할 때 주의해야 할 점은 다음과 같습니다.

- ? 연산자를 사용하는 함수는 반드시 Result를 리턴해야 합니다. 다른 타입을 리턴하는 함수에서 ? 연산자를 사용하려고 하면 컴파일 오류가 발생합니다.

- 함수가 리턴하는 Result의 에러 타입은 ? 연산자를 사용하는 Result의 에러 타입과 일치해야 합니다. 앞에서 살펴본 `write_info` 함수를 에러 타입을 명시해서 좀 더 명확하게 작성하면 다음과 같습니다.

```rust
fn read_file_to_string(filename: &str) -> Result<String, io::Error> {
    let mut file = File::open(filename)?;
    let mut s = String::new();
    file.read_to_string(&mut s)?;
    Ok(s)
}
```

- ? 연산자를 사용하면 에러를 간단하게 처리할 수 있지만, 에러가 어디에서 발생했는지 파악하기가 어렵기도 합니다. 에러를 자세히 처리하지 않아도 될 때는 매우 편리하지만, 하나의 함수에서 리턴되는 에러가 다양하거나 에러 종류별로 특별한 처리를 해줘야 할 때는 적합하지 않습니다.

6.8 이터레이터

이터레이터의 개념

이터레이터는 반복 가능한 **시퀀스**sequence를 입력으로 받아 각 원소에 특정 작업을 수행할 수 있도록 하는 기능입니다. 파이썬에서는 리스트를 for 루프로 반복하며 출력하고 마지막에는 리스트 전체를 출력해봅니다. 러스트에서는 벡터를 이용해 값을 순서대로 출력하는 예제를 만들어봅니다. 먼저 파이썬 코드는 다음과 같습니다.

▶ **파이썬**

```python
names = ["james", "cameron", "indo"]
for name in names:
    print(name)

print(names)
```

▶ **실행 결과**

```
james
cameron
```

```
indo
['james', 'cameron', 'indo']
```

같은 기능의 러스트 코드는 다음과 같습니다. 잘 작동해야 할 것 같지만, 컴파일되지 않습니다.

▶ 러스트

```
fn main() {
    let names = vec!["james", "cameron", "indo"];
    for name in names {
        println!("{}", name);
    }
    println!("{:?}", names);
}
```

▶ 실행 결과

```
error[E0382]: borrow of moved value: `names`
  --> src/main.rs:6:22
   |
2  |     let names = vec!["james", "cameron", "indo"];
   |         ----- move occurs because `names` has type `Vec<&str>`, which does not
implement the `Copy` trait
3  |     for name in names {
   |                 -----
   |                 |
   |                 `names` moved due to this implicit call to `.into_iter()`
   |                 help: consider borrowing to avoid moving into the for loop: `&names`
...
6  |     println!("{:?}", names);
   |                      ^^^^^ value borrowed here after move
   |
```

컴파일하면 에러가 발생하는데, for name in names에서 names가 암묵적으로 .into_iter() 메서드를 호출했다고 나옵니다. into_iter()가 바로 이터레이터인데, 벡터 원소의 값을 for 루프 안으로 가져와 반복하는 역할을 수행합니다. 이때 값이 가져와지므로 원소의 소유권도 함께 이동됩니다. 이미 이동된 소유권을 println!("{:?}", names);에서 참조하기 때문에 에러가 발생합니다.

이를 해결하기 위해서는 명시적으로 iter 메서드를 호출해 원소를 for 루프 안으로 전달해줘야 합니다.

```
fn main() {
    let names = vec!["james", "cameron", "indo"];
    for name in names.iter() {
        println!("{}", name);
    }
    println!("{:?}", names);
}
```

▶ 실행 결과

```
james
cameron
indo
["james", "cameron", "indo"]
```

iter 메서드는 선언 즉시 원소를 내놓지 않고 값이 필요한 순간에 원소를 리턴합니다. 따라서 다음과 같은 코드가 가능합니다.

▶ 러스트

```
fn main() {
    let names = vec!["james", "cameron", "indo"];
    let names_iter = names.iter();
    for name in names_iter {
        println!("{}", name);
    }
    println!("{:?}", names);
}
```

▶ 실행 결과

```
james
cameron
indo
["james", "cameron", "indo"]
```

이터레이터를 소비하는 메서드

이터레이터에 속한 메서드를 이용해 원소에 여러 작업을 수행해봅니다. 파이썬에서는 합계, 최댓값, 최솟값을 구하는 함수인 sum, max, min을 리스트에 직접 사용합니다.

▶ 파이썬

```python
nums = [1, 2, 3]

sum = sum(nums)
max = max(nums)
min = min(nums)
print(f"sum: {sum}, max: {max}, min: {min}")
```

▶ 실행 결과

```
sum: 6, max: 3, min: 1
```

러스트에서는 이터레이터에서 sum, max, min 메서드를 호출합니다. 여기서 max나 min 메서드는 모두 Option을 리턴합니다. 만일 벡터가 비어 있을 때는 최댓값과 최솟값을 구할 수 없기 때문에 이런 경우는 None이 리턴됩니다. max나 min에서 None이 리턴되면, unwrap()은 패닉을 일으킵니다. 따라서 원칙적으로는 match 등을 사용해서 각 경우를 처리해줘야 하지만 여기서는 벡터가 비어 있지 않다는 것을 알고 있기 때문에 unwrap을 사용해도 괜찮습니다.

▶ 러스트

```rust
fn main() {
    let num = vec![1, 2, 3];

    let sum: i32 = num.iter().sum();
    let max = num.iter().max().unwrap();
    let min = num.iter().min().unwrap();
    println!("sum: {}, max: {}, min: {}", sum, max, min);
}
```

▶ 실행 결과

```
sum: 6, max: 3, min: 1
```

새로운 이터레이터를 만드는 메서드

이터레이터 메서드 중에는 새로운 이터레이터를 만드는 메서드가 있습니다. 대표적으로 인덱스와 원소를 함께 반복하는 enumerate와 두 시퀀스의 원소를 순서대로 함께 묶어 반복하는 zip입니다.

먼저 파이썬 코드는 다음과 같습니다.

▶ **파이썬**

```python
nums1 = [1, 2, 3]
nums2 = [4, 5, 6]

enumer = list(enumerate(nums1))
print(enum)
zip = list(zip(nums1, nums2))
print(zip)
```

▶ **실행 결과**

```
[(0, 1), (1, 2), (2, 3)]
[(1, 4), (2, 5), (3, 6)]
```

러스트에서도 원소와 인덱스를 동시에 반복하거나 두 시퀀스의 원소를 동시에 반복할 수 있습니다.

▶ **러스트**

```rust
fn main() {
    let nums1 = vec![1, 2, 3];
    let nums2 = vec![4, 5, 6];

    let enumer: Vec<(usize, &i32)> = nums1.iter().enumerate().collect();
    println!("{:?}", enumer);

    let zip: Vec<(&i32, &i32)> = nums1.iter().zip(nums2.iter()).collect();
    println!("{:?}", zip);
}
```

▶ **실행 결과**

```
[(0, 1), (1, 2), (2, 3)]
[(1, 4), (2, 5), (3, 6)]
```

이터레이터를 만들어내는 메서드 중에서 가장 중요하게 봐야 하는 두 가지가 있는데 바로 map과 filter입니다. map은 주어진 함수를 각 원소에 적용합니다. filter는 주어진 시퀀스에서 기준에 맞는 결과만 남기는 방법입니다. 다음 두 예제에서는 시퀀스의 원소에 1을 더한 새로운 시퀀스를 만들거나 원소 중 홀수인 값만 남기도록 했습니다.

```python
nums = [1, 2, 3]

f = lambda x: x + 1

print(list(map(f, nums)))
print(list(filter(lambda x: x % 2 == 1, nums)))
```

▶ 실행 결과

```
[2, 3, 4]
[1, 3]
```

러스트 코드에서는 클로저로 같은 내용을 구현했습니다. 이때 `filter`는 기존의 원소의 값을 이동해서 새로운 벡터를 만들기 때문에 `iter` 메서드를 사용하면 컴파일되지 않아 `into_iter` 메서드로 이터레이터를 만들었습니다.

▶ 러스트

```rust
fn main() {
    let nums: Vec<i32> = vec![1, 2, 3];

    let f = |x: &i32| x + 1;

    let maps: Vec<i32> = nums.iter().map(f).collect();
    println!("{:?}", maps);

    let filters: Vec<i32> = nums.into_iter().filter(|x| x % 2 == 1).collect();
    println!("{:?}", filters);
}
```

▶ 실행 결과

```
[2, 3, 4]
[1, 3]
```

원본 벡터를 `filter` 메서드 이후에도 사용하기 위한 두 가지 방법이 있습니다. 첫 번째는 원본 벡터를 복사clone하는 방법입니다. `clone` 메서드를 사용하면 원본 벡터를 복사해 새로운 벡터를 만들수 있습니다. `nums.clone()`은 새로운 벡터여서 `into_iter()` 이후에도 `nums` 벡터를 사용할 수 있습니다.

```
fn main() {
    let nums: Vec<i32> = vec![1, 2, 3];

    let f = |x: &i32| x + 1;

    let maps: Vec<i32> = nums.iter().map(f).collect();
    println!("{:?}", maps);

    let filters: Vec<i32> = nums.clone().into_iter().filter(|x| x % 2 == 1).collect();
    println!("{:?}", filters);

    println!("{:?}", nums);
}
```

▶ 실행 결과

```
[2, 3, 4]
[1, 3]
[1, 2, 3]
```

두 번째는 벡터가 아니라 이터레이터 자체를 복사하는 방법입니다. 이터레이터를 복사하려면 cloned 메서드를 사용합니다. 이때, collect()를 사용해 값이 전달되기 전에 이터레이터가 복사되기 때문에 원본 벡터에 접근이 가능합니다. 다만, 이터레이터를 복사해 여러 번 사용할 것이 아니라면 벡터 자체를 복제하는 것이 좋습니다.

▶ 러스트

```
fn main() {
    let nums: Vec<i32> = vec![1, 2, 3];

    let f = |x: &i32| x + 1;

    let maps: Vec<i32> = nums.iter().map(f).collect();
    println!("{:?}", maps);

    let filters: Vec<i32> = nums.iter().filter(|x| *x % 2 == 1).cloned().collect();
    println!("{:?}", filters);

    println!("{:?}", nums);
}
```

```
[2, 3, 4]
[1, 3]
[1, 2, 3]
```

6.9 연습문제

1. 배열 fruits로부터 각 과일의 개수를 세어서 HashMap에 저장되도록 다음의 코드를 완성해보세요.

```
use std::collections::HashMap;

fn main() {
    let fruits = vec!["apple", "banana", "apple", "banana", "orange", "pear", "orange"];

    ...

    println!("{:?}", counts);
}
```

▶ 실행 결과

```
{"apple": 2, "banana": 2, "orange": 2, "pear": 1}
```

2. match를 사용한 다음 코드가 컴파일되도록 수정해보세요.

```
fn divide(numerator: f64, denominator: f64) -> Result<f64, &'static str> {
    if denominator == 0.0 {
        Err("Cannot divide by zero")
    } else {
        Ok(numerator / denominator)
    }
}

fn main() {
    let result = divide(2 as f64, 3 as f64);

    match result {
        Ok(x) => println!("Result: {}", x),
    }
}
```

3. 입력받은 실수의 제곱근을 구하는 함수 **get_square_root**를 만들어보세요.

```
fn get_square_root(number: f64) -> Option<f64> {
    ...
}

fn main() {
  let result = get_square_root(9.0);
  match result {
    Some(value) => println!("9^0.5 = {}", value),
    None => println!("음수는 입력할 수 없습니다!"),
  }
}
```

4. **iter**를 사용해서 입력받은 벡터의 모든 원소를 2배로 만들어서 새로운 벡터를 만들어보세요.

```
fn main() {
    let nums: Vec<i32> = vec![1, 2, 3];

    let maps: Vec<i32> = __
    println!("{:?}", maps);
}
```

5. **filter**를 사용해서 입력받은 벡터의 모든 원소 중 짝수만 골라서 새로운 벡터를 만들어보세요.

```
fn main() {
    let nums: Vec<i32> = vec![1, 2, 3];

    let filters: Vec<i32> = __
    println!("{:?}", filters);
}
```

구조체

러스트는 객체 지향 프로그래밍 방식을 따르지 않고 **명령형 프로그래밍**imperative programming 패턴을 사용합니다. 명령형 프로그래밍은 특정 기능을 사용하기 위한 명령을 기억해서 코드를 사용해야 한다는 특징이 있습니다. 6장에서 살펴본 것처럼, 다음 코드와 같이 여러 개의 함수를 연결해chaining 사용하는 패턴이 자주 등장합니다.

```rust
fn main() {
    let v = vec![1, 2, 3, 4, 5];

    let sum_of_squares = v
        .into_iter() // 이터레이터 생성
        .map(|x| x * x) // 각 요소를 제곱
        .filter(|&x| x % 2 == 0) // 짝수 요소를 필터링
        .fold(0, |sum, x| sum + x); // 필터링 결과의 합 계산

    println!("Sum of squares: {}", sum_of_squares);
}
```

더불어서, 러스트에는 클래스가 없습니다. 대신 비슷한 역할을 구조체struct를 통해서 구현할 수 있습니다. 7장에서는 클래스와의 공통점과 차이점을 통해 러스트에서 구조체를 사용하는 방법을 배워보겠습니다.

7.1 구조체의 정의

구조체 선언

파이썬에서 클래스를 하나 정의합니다. Person 클래스는 객체화할 때 name, age 두 변수를 파라미터로 받고, self.name, self.age라는 인스턴스 프로퍼티에 할당됩니다.

▶ 파이썬

```python
class Person:
    def __init__(self, name, age):
        self.name = name
        self.age = age
```

러스트에서 **구조체**를 선언하려면 struct 키워드 뒤에 구조체 이름을 명시하면 됩니다. 구조체에서는 **필드명: 타입명**으로 필드를 적어줍니다. 필드를 통해 변수를 구조체에 묶어둘 수 있습니다. 여기서 #[derive(Debug)]는 구조체를 콘솔에 출력하기 위해서 필요합니다.

▶ 러스트

```rust
#[derive(Debug)]
struct Person {
    name: String,
    age: i32,
}
```

파이썬과 러스트에서 각각 인스턴스를 생성하고 age 프로퍼티 또는 필드를 변경해서 출력합니다. 파이썬에서는 __dict__를 이용해 인스턴스를 딕셔너리로 출력할 수도 있습니다.

▶ 파이썬

```python
jane = Person("jane", 30)
jane.age += 1
print(jane.name, jane.age)
print(jane.__dict__)
```

▶ 실행 결과

```
jane 31
{'name': 'jane', 'age': 31}
```

러스트 코드는 다음과 같습니다. 인스턴스를 생성할 때는 구조체 이름 뒤에서 {필드명: 값} 문법으로 값들을 넣어주면 됩니다. 프로퍼티는 파이썬과 같은 방법으로 접근과 변경이 가능합니다. 그런데 여기서 인스턴스 jane이 가변 변수로 선언됐습니다. jane.age의 값을 변경하고 있기 때문에 구조체 자체가 가변으로 선언돼야 합니다. 마지막으로 디버그 모드 {:?}로 인스턴스를 출력해보면 구조체 이름과 필드가 차례대로 나오는 것을 알 수 있습니다.

▶ 러스트

```rust
fn main() {
    let mut jane = Person {
        name: String::from("Jane"),
        age: 30
    };
    jane.age += 1;
    println!("{} {}", jane.name, jane.age);
    println!("{:?}", jane);
}
```

▶ 실행 결과

```
Jane 31
Person { name: "Jane", age: 31 }
```

연관 함수

파이썬의 Person 클래스를 객체화할 때 파라미터로 입력받지 않는 프로퍼티인 alive = True를 추가하고 싶다면 다음과 같이 할 수 있습니다.

▶ 파이썬

```python
class Person:
    def __init__(self, name, age):
        self.name = name
        self.age = age
        self.alive = True
```

그런데 러스트의 구조체는 필드에 기본값을 할당할 수 없습니다. 다음과 같이 alive에 True를 넣어서 컴파일해보면 에러가 발생합니다.

```
struct Person {
    name: String,
    age: i32,
    alive: bool = true,
}
```

▶ 실행 결과

```
error: default values on `struct` fields aren't supported
 --> src/main.rs:5:16
  |
5 |     alive: bool = true,
  |                   ^^^^^^ help: remove this unsupported default value
```

조금 다른 접근이 필요합니다. 파이썬에서 `__init__` 함수를 수정한 것처럼, 러스트에서도 구조체로부터 인스턴스를 생성할 때 new라는 함수로 인스턴스 생성 방식을 직접 정의 가능합니다. impl 키워드 뒤에 구조체 이름을 명시해서 구조체에 연결된 함수임을 나타내고, 그 뒤로는 일반적인 함수 정의대로 작성하면 됩니다. 먼저 구조체 정의에 `alive: bool`을 추가하고, 이어서 `new` 함수를 추가합니다. 이때 함수의 리턴 타입은 구조체 인스턴스여서 구조체 자신을 나타내는 `Self`를 타입으로 사용합니다. 이렇게 구조체에 연결된 함수를 연관 함수associate function라고 합니다. 러스트 구조체에서 연관 함수와 메서드는 서로 다른 개념이어서 뒤에서 살펴봅니다.

▶ 러스트

```
#[derive(Debug)]
struct Person {
    name: String,
    age: i32,
    alive: bool,
}

impl Person {
    fn new(name: String, age: i32) -> Self {
        Person {
            name: name,
            age: age,
            alive: true,
        }
    }
}
```

NOTE

함수의 리턴 타입을 -> Person으로 써도 되지만, Self가 더 권장되는 방법입니다.

이제 main 함수에서 구조체 인스턴스를 생성할 때 new 함수를 사용하면 됩니다. 연관 함수를 호출하려면 **구조체_이름::함수명**과 같이 사용합니다.

▶ **러스트**

```
fn main() {
    let jane = Person::new(String::from("Jane"), 30);
    println!("{:?}", jane);
}
```

▶ **실행 결과**

```
Person { name: "Jane", age: 30, alive: true }
```

메서드

메서드란 클래스에 속한 함수로 객체의 프로퍼티나 다른 메서드에 접근이 가능한 함수를 의미합니다. 앞에서 살펴본 연관 함수는 객체의 프로퍼티나 메서드에 접근이 불가능하기 때문에 클래스에 속해있다는 점만 제외하면 일반 함수와 같습니다.

파이썬에서 Person 클래스에 info와 get_older 메서드 두 개를 추가하겠습니다. 그리고 인스턴스를 생성하고 메서드를 호출해봅니다.

▶ **파이썬**

```
class Person:
    def __init__(self, name, age):
        self.name = name
        self.age = age
        self.alive = True

    def info(self):
        print(self.name, self.age)

    def get_older(self, year):
```

```
        self.age += year


john = Person("john", 20)
john.info()
john.get_older(3)
john.info()
```

```
john 20
john 23
```

러스트에서는 다음과 같이 메서드를 추가할 수 있습니다. 원본 인스턴스를 메서드 안에서 레퍼런스로 접근하고 있습니다. 소유권을 빌리지 않으면 소유권은 함수로 이동되고 원본 인스턴스는 삭제됩니다. 따라서 self를 레퍼런스로 전달해야 합니다. 이때 get_older 메서드에서는 self를 가변 레퍼런스 &mut self로 가져오는데, 이는 인스턴스의 필드가 변경되기 때문입니다.

▶ 러스트

```rust
#[derive(Debug)]
struct Person {
    name: String,
    age: i32,
    alive: bool,
}

impl Person {
    fn new(name: &str, age: i32) -> Person {
        Person {
            name: String::from(name),
            age: age,
            alive: true,
        }
    }

    fn info(&self) {
        println!("{} {}", self.name, self.age)
    }

    fn get_older(&mut self, year: i32) {
        self.age += year;
    }
```

```
    }

fn main() {
    let mut john = Person::new("john", 20);
    john.info();
    john.get_older(3);
    john.info();
}
```

```
john 20
john 23
```

구조체에는 self 파라미터를 사용하지 않는 연관 함수와 self 파라미터를 사용하는 메서드 모두를 사용할 수 있습니다.

튜플 구조체

구조체 필드가 이름 대신 튜플 순서대로 정의되는 구조체를 **튜플 구조체**tuple struct라고 합니다. 필드 참조 역시 튜플의 원소를 인덱스로 참조하는 것과 같습니다. 메서드나 연관 함수 없이 단순히 값을 담고 있는 구조체를 만들고 싶을 때 유용합니다.

```
struct Color(i32, i32, i32);
struct Point(i32, i32, i32);

fn main() {
    let black = Color(0, 0, 0);
    let origin = Point(0, 0, 0);

    println!("{} {}", black.0, origin.0);
}
```

▶ 실행 결과

```
0 0
```

7.2 트레이트

트레이트로 메서드 공유하기

파이썬은 클래스를 상속해 공통된 메서드를 사용할 수 있지만, 러스트는 구조체의 상속이 되지 않습니다.

파이썬에서 다음과 같이 Person을 상속하는 새로운 클래스 Student를 선언합니다.

▶ 파이썬

```python
class Person:
    def __init__(self, name, age):
        self.name = name
        self.age = age
        self.alive = True

    def say_hello(self):
        print("Hello, Rustacean!")

    def get_older(self, year):
        self.age += year


class Student(Person):
    def __init__(self, name, age, major):
        super().__init__(name, age)
        self.major = major

    def say_hello(self):
        print(f"Hello, I am {self.name} and I am studying {self.major}")
```

Student 클래스는 새로운 프로퍼티 major가 있고, Person의 say_hello 메서드를 오버라이드하고 있습니다.

러스트에는 구조체를 상속하는 방법이 없습니다. 즉 필드와 메서드를 다른 구조체에 전달할 수 없습니다. 하지만 서로 다른 구조체가 함수를 공유할 수 있는 하나의 속성을 정의할 수 있는데, 바로 **트레이트**trait를 통한 방법입니다. 트레이트를 통해 함수를 공유하는 방법은 두 가지입니다.

첫 번째 방법을 먼저 살펴보겠습니다. 트레이트에서는 공유할 메서드의 원형을 선언합니다.

```
trait Greet {
    fn say_hello(&self) {}
}
```

say_hello는 아무것도 실행하지 않는 빈 함수이기 때문에, 실제 내용을 각 구조체의 메서드에서 구현해야 합니다.

파이썬과 같은 방법으로 러스트 코드를 작성해봅니다.

▶ 러스트

```
struct Person {
    name: String,
    age: i32,
    alive: bool,
}

impl Person {
    fn new(name: &str, age: i32) -> Person {
        Person {
            name: String::from(name),
            age: age,
            alive: true
        }
    }

    fn get_older(&mut self, year: i32) {
        self.age += year;
    }
}

impl Greet for Person {}

struct Student {
    name: String,
    age: i32,
    alive: bool,
    major: String,
}

impl Student {
    fn new(name: &str, age: i32, major: &str) -> Student {
```

```
        Student {
            name: String::from(name),
            age: age,
            alive: true,
            major: String::from(major),
        }
    }
}

impl Greet for Student {
    fn say_hello(&self) {
        println!("Hello, I am {} and I am studying {}", self.name, self.major)
    }
}
```

main 함수에서 Person과 Student 구조체의 인스턴스를 만들고 say_hello 메서드를 각각 호출해 보겠습니다.

▶ **러스트**

```
fn main() {
    let mut person = Person::new("John", 20);
    person.say_hello(); // 💀
    person.get_older(1);
    println!("{} is now {} years old", person.name, person.age);

    let student = Student::new("Jane", 20, "Computer Science");
    student.say_hello();
}
```

▶ **실행 결과**

```
John is now 21 years old
Hello, I am Jane and I am studying Computer Science
```

person.say_hello()는 trait Greet의 메서드를 그대로 사용하기 때문에 아무것도 출력되지 않는다는 점을 알 수 있습니다.

두 번째 방법은 say_hello의 기본 구현형을 트레이트를 선언할 때 정의하는 것입니다. 다시 트레이트 선언으로 돌아가서, say_hello 함수는 파라미터로 &self를 받고 있지만, 트레이트에 정의되는 함수는 인스턴스 프로퍼티에 접근할 수 없습니다. 여기서 다음과 같이 함수의 원형을 수정하고 컴파일해보면 에러가 발생합니다.

▶ 러스트

```rust
trait Greet {
    fn say_hello(&self) {
        println!("Hello, Rustacean!");
    }
}
```

트레이트에서 만든 함수 원형 자체를 공유하고 싶을 때는 self에 접근하지 않는 연관 함수만 정의가 가능합니다. 따라서 다음 코드는 정상적으로 컴파일됩니다. 간결함을 위해 사용되지 않는 일부 코드를 수정했습니다.

▶ 러스트

```rust
trait Greet {
    fn say_hello() {
        println!("Hello, Rustacean!");
    }
}

struct Person {
    name: String,
    age: i32,
    alive: bool,
}

impl Greet for Person {}

struct Student {
    name: String,
    age: i32,
    alive: bool,
    major: String,
}

impl Greet for Student {}

fn main() {
    let person = Person {
        name: String::from("Bob"),
        age: 20,
        alive: true,
```

```
    };
    Person::say_hello();

    let student = Student {
        name: String::from("Alice"),
        age: 20,
        alive: true,
        major: String::from("Computer Science"),
    };
    Student::say_hello();
}
```

▶ **실행 결과**

```
Hello, Rustacean!
Hello, Rustacean!
```

파생

컴파일러는 #[derive] 애트리뷰트를 통해 일부 트레이트의 기본 구현을 구조체에 추가할 수 있습니다. 이를 **파생**derive이라고 하며, 추가되는 트레이트를 **파생 트레이트**derived trait라고 합니다. 파생을 사용하면 구조체에 특정 기능을 직접 구현하지 않아도 간단하게 기능을 추가할 수 있다는 장점이 있습니다.

> **NOTE**
> 일부 트레이트의 기본 구현보다 복잡한 기능이 필요할 때, 트레이트를 직접 구현할 수 있습니다.

파생 가능한 트레이트는 다음과 같습니다.

- Eq, PartialEq, Ord, PartialOrd: 값을 비교합니다.
- Clone: 복사본을 통해 &T에서 T를 생성합니다.
- Copy: 다른 스코프로 변수를 전달할 때 값을 이동시키지 않고 복사합니다.
- Hash: &T에서 해시를 계산합니다.
- Default: 데이터 타입의 빈 인스턴스를 생성합니다.
- Debug: {:?} 포매터를 사용해 값의 형식을 지정합니다.

파생 가능한 트레이트 중 자주 사용되는 몇 가지만 살펴보겠습니다.

Copy 트레이트

Copy와 Clone 트레이트는 굉장히 헷갈리는 부분이 많습니다. Copy와 Clone 둘 다 값을 복사할 때
사용되는 트레이트입니다. 먼저 Copy는 값을 비트와이즈bitwise 복사할 때 사용됩니다.

▶ 러스트

```
fn i32_copy(val: i32) {
    println!("i32: {}", val);
}

fn main() {
    let my_i32 = 3;
    i32_copy(my_i32);
    println!("{}", my_i32);
}
```

▶ 실행 결과

```
i32: 3
3
```

하지만 String과 같은 타입은 Copy를 구현하지 않으므로 이렇게 사용할 수 없습니다.

```
fn string_copy(val: String) {
    println!("String: {}", val);
}

fn main() {
    let my_string = String::from("Hello");
    string_copy(my_string);
    println!("{}", my_string);
}
```

▶ 실행 결과

```
error[E0382]: borrow of moved value: `my_string`
 --> src/main.rs:8:20
  |
6 |     let my_string = String::from("Hello");
  |         --------- move occurs because `my_string` has type `String`, which does not
```

```
implement the `Copy` trait
7 |        string_copy(my_string);
  |                    --------- value moved here
8 |        println!("{}", my_string);
  |                       ^^^^^^^^^ value borrowed here after move
  |
...
```

Copy 트레이트를 사용할 수 있는 기본 타입은 다음과 같습니다.

- 모든 정수 타입: u8, i16, u32, i64

- 불리언 타입: bool

- 모든 실수형 타입: f32, f64

- 문자 타입: char

Clone 트레이트

Clone은 명시적으로 객체를 복사할 때 사용됩니다. 다음과 같은 파이썬 코드를 살펴봅시다. p2와 p1은 실제로는 같은 메모리를 사용하고 있어서 p1을 수정하면 p2도 동시에 수정됩니다.

▶ 파이썬

```
class Point:
    def __init__(self, val: int):
        self.val = val


p1 = Point(5)
p2 = p1
p1.val = 3

print(f"p1.val = {p1.val}, p2.val = {p2.val}")
```

```
p1.val = 3, p2.val = 3
```

러스트에서는 하나의 값을 여러 객체에서 소유할 수 없으므로 다음 코드는 컴파일되지 않습니다.

▶ 러스트

```
struct Point {
    val: i32,
}

fn main() {
    let mut p1 = Point { val: 5 };
    let p2 = &p1;
    p1.val = 3;

    println!("p1.val = {}, p2.val = {}", p1.val, p2.val);
}
```

▶ 실행 결과

```
error[E0506]: cannot assign to `p1.val` because it is borrowed
  --> src/main.rs:8:5
   |
7  |     let p2 = &p1;
   |              --- borrow of `p1.val` occurs here
8  |     p1.val = 3;
   |     ^^^^^^^^^^ assignment to borrowed `p1.val` occurs here
9  |
10 |     println!("p1.val = {}, p2.val = {}", p1.val, p2.val);
   |                                          ------ borrow later used here
```

여기까지는 앞에서 배운 소유권 규칙을 쉽게 이해할 수 있습니다. 그런데 레퍼런스가 아닌 p1 자체를 p2에 할당하면 어떻게 될까요?

▶ 러스트

```
struct Point {
    val: i32,
}

fn main() {
```

```
    let mut p1 = Point { val: 5 };
    let p2 = p1;
    p1.val = 3;

    println!("p1.val = {}, p2.val = {}", p1.val, p2.val);
}
```

▶ 실행 결과

```
error[E0382]: assign to part of moved value: `p1`
 --> src/main.rs:8:5
  |
6 |     let mut p1 = Point { val: 5 };
  |         ------ move occurs because `p1` has type `Point`, which does not implement the
`Copy` trait
7 |     let p2 = p1;
  |              -- value moved here
8 |     p1.val = 3;
  |     ^^^^^^^^^^^ value partially assigned here after move
```

새로운 오류가 추가됐습니다. Point 구조체가 Copy 트레이트를 구현하지 않아서 값이 이동move됐
다고 합니다. 하지만 실제로 Copy 트레이트만 추가해서는 안 되고 Clone도 함께 추가해야 합니다.
p1을 p2에 할당할 때 값이 이동되지 않고 복사되려면 Copy가 필요하기 때문입니다.

▶ 러스트

```rust
#[derive(Copy, Clone)]
struct Point {
    val: i32,
}

fn main() {
    let mut p1 = Point { val: 5 };
    let p2 = p1;
    p1.val = 3;

    println!("p1.val = {}, p2.val = {}", p1.val, p2.val);
}
```

▶ 실행 결과

```
p1.val = 3, p2.val = 5
```

Copy를 추가하는 대신에 명시적으로 clone 메서드를 사용해서 객체를 복사할 수도 있습니다. 실행 결과는 같습니다.

▶ 러스트

```
#[derive(Clone)]
struct Point {
    val: i32,
}

fn main() {
    let mut p1 = Point { val: 5 };
    let p2 = p1.clone();
    p1.val = 3;

    println!("p1.val = {}, p2.val = {}", p1.val, p2.val);
}
```

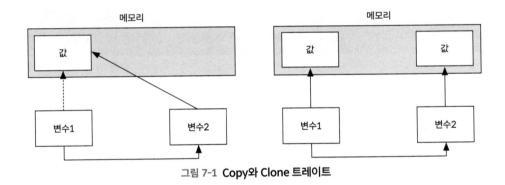

그림 7-1 **Copy와 Clone 트레이트**

정리하면, Copy 트레이트는 값을 복사하는 것이 아니라, 같은 메모리 주소를 참조하는 새로운 변수를 생성하는 것입니다. Clone 트레이트를 사용하면 메모리상에 새로운 주소가 생성되고 값이 복사됩니다. 즉 Copy는 얕은 복사shallow copy, Clone은 깊은 복사deep copy가 일어납니다.

Debug 트레이트

다음의 Rectangle 구조체를 콘솔에 바로 출력하려고 하면 컴파일 에러가 발생합니다. 기본적인 구조체는 콘솔에 출력됐을 때 무엇을 출력해야 하는지가 정의돼 있지 않기 때문입니다.

▶ 러스트

```
struct Rectangle {
    width: u32,
```

```
        height: u32,
}

fn main() {
    let rect1 = Rectangle {
        width: 30,
        height: 50,
    };

    println!("rect1 is {:?}", rect1); // 🫠
}
```

▶ **실행 결과**

```
error[E0277]: `Rectangle` doesn't implement `Debug`
  --> src/main.rs:12:31
   |
12 |     println!("rect1 is {:?}", rect1); // 🫠
   |                               ^^^^^ `Rectangle` cannot be formatted using `{:?}`
   |
   = help: the trait `Debug` is not implemented for `Rectangle`
   = note: add `#[derive(Debug)]` to `Rectangle` or manually `impl Debug for Rectangle`
```

Debug 트레이트를 파생시키면 잘 작동합니다. Debug 트레이트를 추가하면 콘솔에 구조체의 모양을 그대로 출력합니다.

▶ **러스트**

```
#[derive(Debug)]
struct Rectangle {
    width: u32,
    height: u32,
}

fn main() {
    let rect1 = Rectangle {
        width: 30,
        height: 50,
    };

    println!("rect1 is {:?}", rect1);
}
```

```
rect1 is Rectangle { width: 30, height: 50 }
```

7.3 연습문제

1. 계산기를 직접 구현해볼 것입니다. 위 사진처럼 계산기는 항상 위에 현재 값을 나타내는 숫자가 있습니다.

- 계산기 위의 숫자, 즉 현재 값을 프로퍼티로 저장하고 있어야 합니다.
- 현재 값의 초깃값은 0입니다.
- 입력받은 값만큼의 더하기, 빼기를 메서드로 구현합니다.
- 더하기, 빼기는 현재 값을 직접 업데이트합니다.

샘플 코드

```
struct Calculator {
    value: i32,
}

impl Calculator {
    fn new() -> Self {
        Self { value: 0 }
    }
```

```
    fn add(&mut self, num: i32) {
        // self.value에 값을 더하세요.
    }

    fn subtract(&mut self, num: i32) {
        // self.value에 값을 빼세요.
    }
}
```

모듈과 크레이트

지금까지는 main.py와 main.rs와 같은 단일 파일에서 코드를 실행했습니다. 그런데 프로그램이 커지고 복잡해지면 모든 코드를 하나의 파일에 작성할 수 없게 됩니다. 이런 상황에서 코드를 기능별, 역할별로 나누고 분류하는 과정을 모듈화라고 부릅니다. 모듈화를 진행하면 코드를 여러 파일에 나눠 작성하기 때문에 가독성이 좋아지고 유지보수가 훨씬 쉬워집니다.

8.1 러스트의 모듈 시스템

크레이트

크레이트crate란 러스트 코드를 묶을 수 있는 가장 작은 단위입니다. 크레이트에는 바이너리와 라이브러리 두 종류가 있습니다. 보통 cargo를 사용해 프로젝트를 만들면 폴더가 생성되는데, 그 안에 크레이트의 기준이 되는 파일명을 기준으로 크레이트의 종류가 정해집니다.

바이너리 크레이트

바이너리 크레이트binary crate는 컴파일돼 바이너리 파일을 생성하는 크레이트입니다. cargo new <크레이트명> 명령어로 프로젝트를 생성하고, main.rs 파일이 생성됩니다. 프로젝트의 폴더 구조는 다음과 같습니다.

```
.
├── Cargo.toml
└── src
    └── main.rs
```

라이브러리 크레이트

라이브러리 크레이트library crate는 컴파일되지 않는 크레이트입니다. 컴파일되지 않기 때문에 바이너리를 생성하지 않습니다. 다른 크레이트나 패키지에서 코드를 참조할 수 있도록 제공되는 크레이트입니다.

cargo new --lib <크레이트명> 명령어로 프로젝트를 생성하고 lib.rs 파일이 생성됩니다. 프로젝트의 폴더 구조는 다음과 같습니다.

```
.
├── Cargo.toml
└── src
    └── lib.rs
```

크레이트 루트crate root란 컴파일이 시작되는 시작 지점인 엔트리 포인트entry point를 의미합니다. 바이너리 크레이트는 src/main.rs 파일이, 라이브러리 크레이트는 src/lib.rs 파일이 크레이트 루트가 됩니다.

8.2 모듈

파이썬에서 **모듈**은 파일 단위로 구분되기 때문에 *.py 파일을 모두 모듈이라고 하지만, 러스트에서는 파일 단위로도 모듈을 구분하고 파일 하나에서도 여러 개의 모듈을 정의할 수 있습니다.

다음과 같이 두 개의 파일을 만들어보겠습니다.

▶ **러스트**

```
// main.rs
fn main() {}
```

```
// my_module.rs
mod dummy1 {}

mod dummy2 {}
```

이때 크레이트 내부의 모듈 구성을 그림으로 나타냈습니다. 파일이 두 개이므로 각 파일을 기본적으로 모듈로 인식하고, my_module.rs에 추가로 선언된 dummy1과 dummy2 역시 모듈로 인식됩니다.

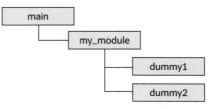

그림 8-1 **크레이트 내부 모듈 구조**

공개 및 비공개

파이썬의 모든 객체는 **공개**public인 반면, 러스트의 모든 모듈과 객체는 기본적으로 **비공개**private입니다. 즉 모듈의 외부에서 해당 모듈이나 객체에 접근이 불가능합니다. 외부에서 모듈에 접근하거나 모듈 내부의 객체에 접근을 허용하려면 pub 키워드를 사용해 해당 객체를 공개로 만들어야 합니다. 구조체의 필드, 연관 함수와 메서드도 기본적으로는 비공개입니다.

```
pub mod module {
    // 모듈
}

pub fn function() {
    // 함수
}

pub struct Struct {
    // 구조체
    private_field: i32,
    pub public_field: i32,
}

impl Struct {
    // 메서드
    pub fn public_method(&self) {}
```

```
    fn private_method(&self) {}
}
```

모듈과 객체의 공개 구분 방법을 실제 코드로 바로 설명하겠습니다.

모듈 사용하기

use 키워드는 특정 경로를 현재 스코프로 가져옵니다. 경로는 항상 크레이트 루트로부터 시작된다는 점을 주의해야 합니다.

mod 키워드는 해당 모듈을 사용하겠다고 선언하는 역할입니다. mod new_module이 사용되면 컴파일러는 아래 위치에서 해당 모듈을 찾아봅니다.

1. mod new_module 다음에 해당 모듈의 정의가 나와야 합니다.

```
mod new_module {
  fn new_func() {
    ...
  }

  ...
}
```

2. src/new_module.rs 파일을 찾아봅니다.

3. src/new_module 폴더에서 mod.rs 파일을 찾아봅니다.

```
pub mod new_module;
```

> **NOTE**
>
> 일반 모듈을 정의했던 것처럼, 모듈 안의 모듈인 서브 모듈도 정의가 가능합니다. 크레이트 루트가 아닌 모듈에서 선언되는 모듈이 서브 모듈이 되며, 해당 서브 모듈을 컴파일러가 찾는 규칙은 위와 같습니다.

특정 모듈에 대한 접근은 크레이트 루트를 기준으로 절대 경로를 사용하면 됩니다. 가령, 코드 어디에서라도 다음과 같이 모듈에 접근이 가능합니다.

```
// src/new_module.rs -> MyType
use crate::new_module::MyType
```

상대 경로를 사용할 때도 있는데, 이때는 self와 super 키워드를 사용합니다. 먼저 self를 사용해 현재 모듈을 기준으로 함수를 참조하는 방법은 다음과 같습니다.

```
mod mod2 {
    fn func() {
        println!("mod2::func()");
    }

    mod mod1 {
        pub fn func() {
            println!("mod2::mod1::func()");
        }
    }

    pub fn dummy() {
        func();
        self::func();
        mod1::func();
        self::mod1::func();
    }
}

fn main() {
    mod2::dummy();
}
```

▶ 실행 결과

```
mod2::func()
mod2::func()
mod2::mod1::func()
mod2::mod1::func()
```

super는 현재 모듈의 상위 모듈을 의미합니다. 따라서 mod2에서 super를 사용하면 메인 모듈을 의미하고, 따라서 메인 모듈에 속한 mod1를 참조할 수 있습니다. 물론 use super::mod1; 대신 use crate::mod1;으로 절대 경로로 참조하는 것도 가능합니다.

```
mod mod1 {
    pub fn dummy() {
        println!("Hello, world!");
    }
}

mod mod2 {
    // use crate::mod1;과 동일
    use super::mod1;

    pub fn dummy() {
        mod1::dummy();
    }
}

fn main() {
    mod2::dummy();
}
```

▶ 실행 결과

```
Hello, world!
```

패키지

패키지란 여러 크레이트를 모아 놓은 것입니다. 패키지는 해당 크레이트를 빌드하는 법이 적힌
`Cargo.toml` 파일을 갖고 있습니다. 처음에 `cargo new` 명령어로 프로젝트를 생성하면 `Cargo.toml`
파일이 만들어지기 때문에 해당 프로젝트가 패키지가 됩니다.

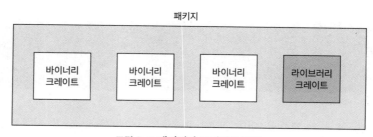

그림 8-2 **패키지와 크레이트 구조**

하나의 패키지에는 단 하나의 라이브러리 크레이트만 포함할 수 있습니다. 하지만 바이너리 크레이
트는 여러 개를 넣을 수 있습니다. 일반적으로 크레이트 루트에 `main.rs`가 있으면 바이너리 크레이

트가 되지만, 명시적으로 `Cargo.toml` 파일의 `[[bin]]` 섹션에 경로를 지정하면 다른 이름으로 바이너리 크레이트의 엔트리 포인트를 지정할 수 있습니다.

```
[package]
name = "my_package"
version = "0.1.0"
edition = "2018"

[lib]
name = "my_library"
path = "src/lib.rs"

[[bin]]
name = "my_binary1"
path = "src/bin/binary1.rs"

[[bin]]
name = "my_binary2"
path = "src/bin/binary2.rs"
```

이때의 폴더 구조는 다음과 같습니다.

```
my_package
├── Cargo.toml
└── src
    ├── bin
    │   ├── binary1.rs
    │   └── binary2.rs
    └── lib.rs
```

지금까지의 내용을 정리하면 다음과 같습니다.

	설명
패키지	여러 크레이트의 집합체
크레이트	라이브러리 또는 바이너리를 생성하는 모듈 집합체
모듈	구조체, 함수 등의 집합체

8.3 모듈과 크레이트 사용해보기

파이썬 폴더에 `my_modle.py`를 생성합니다.

▶ **파이썬**

```python
def greet():
    print(f"Hi! I am hello_bot")


class Person:
    def __init__(self, name, age):
        self.name = name
        self.age = age

    def get_older(self, year):
        self.age += year
```

이제 이 함수와 클래스를 `main.py`에서 참조합니다.

▶ **파이썬**

```python
from my_module import greet, Person

if __name__ == '__main__':
    greet()

    john = Person("john", 20)
    john.get_older(3)
    print(john.age)
```

bots 폴더를 만들고 `hello_bot.py` 파일을 추가합니다. 현재 폴더 구조는 다음과 같습니다.

```
.
├── bots
│   └── hello_bot.py
├── main.py
└── my_module.py
```

hello_bot.py는 다음과 같습니다.

▶ 파이썬

```python
BOT_NAME = "hello_bot"


def hello():
    print("Hello, humans!")
```

my_module.py에서 greet 함수가 BOT_NAME을 이용하도록 합니다.

▶ 파이썬

```python
from bots.hello_bot import BOT_NAME


def greet():
    print(f"Hi! I am {BOT_NAME}")
```

main.py에서 bots 모듈을 사용합니다.

▶ 파이썬

```python
from bots.hello_bot import hello
from my_module import greet, Person

if __name__ == '__main__':
    hello()

    greet()

    john = Person("john", 20)
    john.get_older(3)
    print(john.age)
```

이번에는 같은 구조를 러스트에서 구현해보겠습니다. src 폴더에 my_module.rs를 생성합니다.

```
src
├── main.rs
└── my_module.rs
```

다음 코드를 입력합니다. 함수 하나와 구조체 하나가 들어있습니다. 여기서 함수, 구조체, 메서드가 모두 pub 키워드로 선언돼 있다는 점에 주목하세요. 이때 구조체 필드도 public으로 만들려면 pub 키워드를 사용해야 합니다. 여기서는 name만 public입니다.

▶ 러스트

```
pub fn greet() {
    println!("Hi! I am hello_bot");
}

pub struct Person {
    pub name: String,
    age: i32,
}

impl Person {
    pub fn new(name: &str, age: i32) -> Self {
        Person {
            name: String::from(name),
            age: age,
        }
    }

    pub fn get_older(&mut self, year: i32) {
        self.age += year;
    }
}
```

main.rs에서 my_module.rs 모듈의 함수와 구조체를 사용합니다. 먼저 mod 키워드를 사용해 my_module을 스코프로 가져옵니다. use my_module::{greet, Person};로 원하는 함수와 구조체를 가져올 수 있습니다. 이렇게 가져온 함수와 구조체를 main 함수에서 사용할 수 있습니다. 이때 john.alive는 비공개이므로 주석을 해제하고 컴파일하면 컴파일이 되지 않습니다.

▶ 러스트

```
mod my_module; // src/my_module.rs에서 모듈 찾기

use my_module::{greet, Person}; // 함수와 구조체 불러오기

fn main() {
    greet();

    let mut john = Person::new("john", 20);
```

```
    john.get_older(3);
    println!("{}", john.name);
    // println!("Am I alive? {}", john.alive); // 💀
}
```

다음으로는 하위 폴더 bots를 만들어봅니다. bots 폴더에는 hello_bot.rs와 mod.rs 두 파일을
생성합니다.

```
src
├── bots
│   ├── hello_bot.rs
│   └── mod.rs
├── main.rs
└── my_module.rs
```

하위 폴더를 모듈로 만들 때는 항상 mod.rs가 필요합니다. mod.rs 파일은 해당 모듈의 엔트리 포인
트가 돼 이 모듈 안에 있는 다른 하위 모듈들을 찾을 수 있게 합니다. 따라서 mod.rs에는 hello_
bot 모듈의 정보가 있어야 합니다.

```
pub mod hello_bot; // hello_bot.rs를 찾아봄
```

hello_bot.rs 파일을 작성합니다. 여기서 static이 처음 등장하는데, 자세한 내용은 9장에서 설
명하겠습니다.

▶ 러스트

```
pub static BOT_NAME: &str = "hello_bot";

pub fn hello() {
    println!("Hello, humans!");
}
```

static 변수와 함수 하나가 생성돼 있고, 둘 다 공개로 선언됐습니다. 먼저, BOT_NAME을 src/my_
module.rs에서 참조해봅니다. my_module.rs는 크레이트 루트가 아니기 때문에 use crate:: 문법
으로 참조해야 합니다. 여기서 greet 함수가 BOT_NAME을 참조해 실행되도록 수정합시다.

▶ 러스트

```
use crate::bots::hello_bot::BOT_NAME;

pub fn greet() {
    println!("Hi! I am {}", BOT_NAME);
}
```

main.rs에서 bots 모듈을 사용합니다. main.rs는 크레이트 루트여서 use bots::hello_bot::hello;
로 모듈을 불러올 수 있습니다.

▶ 러스트

```
mod my_module; // src/my_module.rs을 찾아봄
mod bots; // src/hello/mod.rs을 찾아봄

use my_module::{greet, Person};
use bots::hello_bot::hello;


fn main() {
    hello();

    greet();

    let mut john = Person::new("john", 20);
    john.get_older(3);
    println!("{}", john.name);
}
```

제네릭과 라이프타임

9.1 제네릭

제네릭generic은 함수, 구조체, 트레이트 등을 만들 때 특정 타입에 대해서만이 아닌 타입 파라미터로 나타내는 여러 타입에 동시에 구현할 수 있도록 하는 러스트의 강력한 기능입니다.

여러 기능을 제네릭 파라미터로 정의하면 하나의 코드로 여러 타입에서 작동하는 재사용 가능한 코드를 만들 수 있습니다. 즉 제네릭으로 유연하고 효율적인 코드를 작성하는 것이 가능합니다.

다음과 같은 간단한 파이썬 함수를 생각해봅니다.

▶ **파이썬**

```python
def bigger(num1, num2):
    return num1 if num1 > num2 else num2


print(bigger(2, 7))
print(bigger(2.0, 7.0))
print(bigger(2.0, 7))
```

파이썬에서는 일상적인 코드인데요, 여기에 타입 힌트를 붙이면 문제가 복잡해집니다.

▶ 파이썬

```python
def bigger(num1: int | float, num2: int | float) -> int | float:
    return num1 if num1 > num2 else num2


print(bigger(2, 7))
print(bigger(2.0, 7.0))
print(bigger(2.0, 7))
```

정수와 실수형 모두를 입력받을 수 있어야 하기 때문에 타입이 복잡해졌습니다. 러스트는 어떨까요? 당연하게도 다음 코드는 컴파일되지 않습니다.

▶ 러스트

```rust
fn bigger(a: i32 | f64, b: i32 | f64) -> i32 | f64{
    if a > b {
        a
    } else {
        b
    }
}

fn main() {
    println!("{}", bigger(2, 7));
    println!("{}", bigger(2.0, 7.0));
    println!("{}", bigger(2.0, 7));
}
```

코드를 작동시키려면 서로 다른 파라미터 타입에 총 3가지 함수를 다음과 같이 구현해야 합니다.

▶ 러스트

```rust
fn bigger_i32(a: i32, b: i32) -> i32 {
    ...
}

fn bigger_f64_i32(a: f64, b: i32) -> f64 {
    ...
}

fn bigger_f64(a: f64, b: f64) -> f64 {    ...
}
```

하지만 첫 번째 파라미터를 i32 타입으로, 두 번째 파라미터를 f645로 하는 bigger(2, 7.0)을 호출하고 싶다면 함수를 하나 더 만들어야 합니다. 벌써부터 매우 답답한 마음이 들기 시작합니다. 바로 이런 경우를 해결하기 위해서 제네릭을 사용합니다.

아직 배우지 않은 문법이 많지만, 미리 완성된 코드를 살짝 보여드리면 다음과 같습니다.

▶ 러스트

```rust
fn bigger<T: PartialOrd, U: PartialOrd + Into<T>>(a: T, b: U) -> T {
    let b = b.into();
    if a > b {
        a
    } else {
        b
    }
}

fn main() {
    println!("{}", bigger(2, 7));
    println!("{}", bigger(2.0, 7.0));
    println!("{}", bigger(2.0, 7));
}
```

9.2 타입 파라미터

제네릭은 함수의 파라미터 또는 리턴 변수의 타입에 가장 많이 사용됩니다. 제네릭으로 타입을 <T>와 같이 표시합니다. 다음의 foo 함수는 T 타입의 arg 파라미터를 입력받습니다. T라는 것은 i32와 같이 정해진 타입이 아닌 임의의 타입을 의미합니다. 모든 타입을 사용할 수 있는 것은 아니고, 함수 내부의 연산에 따라서 조건이 붙게 됩니다.

```rust
fn foo<T>(arg: T) { ... }
```

다음과 같이 정수 필드를 갖는 구조체 Point를 정의하고 인스턴스를 생성해봅니다.

```rust
struct Point {
    x: i32,
    y: i32,
}
```

```
fn main() {
    let integer = Point { x: 5, y: 10 };
}
```

Point 타입이 실수를 저장할 수 있도록 바꾸려면 Point 타입을 정의하는 코드를 변경해야 합니다. 여기서는 기존의 Point를 PointI32로 변경하고 PointF64를 추가했습니다.

```
struct PointI32 {
    x: i32,
    y: i32,
}

struct PointF64 {
    x: f64,
    y: f64,
}

fn main() {
    let integer = PointI32 { x: 5, y: 10 };
    let float = PointF64 { x: 5.0, y: 10.0 };
}
```

이런 식으로 계속한다면 타입을 추가할 때마다 코드가 불필요하게 늘어나리라는 점을 예상할 수 있습니다. 제네릭으로 구조체 필드의 타입을 대략적으로 나타낼 수 있습니다.

```
struct Point<T> {
    x: T,
    y: T,
}

fn main() {
    let integer = Point { x: 5, y: 10 };
    let float = Point { x: 5.0, y: 10.0 };
}
```

구조체 정의 하나로 i32와 f64를 필드로 모두 입력받을 수 있습니다. 하지만 아직 완벽하진 않습니다. x는 i32고 y는 f64인 경우는 여전히 만들 수 없습니다.

```
struct Point<T> {
    x: T,
    y: T,
}

fn main() {
    let integer = Point { x: 5, y: 10 };
    let float = Point { x: 5.0, y: 10.0 };
    let int_float = Point { x: 5, y: 10.0 }; // 😺
}
```

이때는 각 필드마다 타입이 필요하기 때문에 두 제네릭 타입을 받도록 고치면 됩니다.

```
struct Point<T, U> {
    x: T,
    y: U,
}

fn main() {
    let integer = Point { x: 5, y: 10 };
    let float = Point { x: 5.0, y: 10.0 };
    let int_float = Point { x: 5, y: 10.0 };
}
```

> **NOTE**
>
> 제네릭 타입의 이름은 알파벳 순서를 따라 T, U, V, X, Y, Z, … 순으로 많이 사용하지만, 임의의 파스칼 표기법 변수명을 사용해도 상관없습니다.

구조체 정의에 제네릭 타입이 추가됐기 때문에 이번에는 메서드에 제네릭 타입을 사용해봅니다. impl 키워드 뒤에 제네릭 타입 <T, U>를 추가합니다. 메서드 표기와 other 파라미터의 타입이 Point<V, W>인 이유는 구조체의 제네릭 타입인 T, U와 다른 타입을 받을 수 있기 때문입니다. 예를 들어 main 함수의 integer는 Point<i32, i32> 타입이고, float은 Point<f64, f64> 타입이므로 둘은 서로 다른 타입입니다.

```
struct Point<T, U> {
    x: T,
    y: U,
}
```

```
impl<T, U> Point<T, U> {
    fn mixup<V, W>(self, other: Point<V, W>) -> Point<T, W> {
        Point {
            x: self.x,
            y: other.y,
        }
    }
}

fn main() {
    let integer = Point { x: 5, y: 10 };
    let float = Point { x: 1.0, y: 4.0 };

    let mixed = integer.mixup(float);

    println!("mixed.x = {}, mixed.y = {}", mixed.x, mixed.y);
}
```

▶ 실행 결과

```
mixed.x = 5, mixed.y = 4
```

9.3 제네릭과 트레이트

제네릭은 대략적인 타입을 정의해서 여러 가지 타입을 한 번에 정의할 수 있도록 했습니다. 하지만
제네릭 타입으로 모든 경우를 해결할 수는 없습니다. 다음 예제를 컴파일하면 오류가 발생합니다.

```
fn add<T, U>(x: T, y: U) -> T {
    x + y
}

fn main() {
    let x = add(1, 2);
    let y = add(1.0, 2.0);
    let z = add(1, 2.0);
    println!("x = {}, y = {}, z = {}", x, y, z);
}
```

```
error[E0369]: cannot add `U` to `T`
 --> src/main.rs:2:7
  |
2 |     x + y
  |     - ^ - U
  |     |
  |     T
  |
help: consider restricting type parameter `T`
  |
1 | fn add<T: std::ops::Add<U, Output = T>, U>(x: T, y: U) -> T {
  |         ++++++++++++++++++++++++++++++
```

컴파일러의 조언을 보면 타입 T에 제한 조건을 추가하라고 합니다. 이게 바로 트레이트입니다. 앞에서 구조체를 다룰 때 트레이트를 배웠는데, 구조체 간에 특성을 공유하는 방법이었습니다. 여기서도 제네릭 타입에 특성이라는 제한 조건을 추가하기 위해서 트레이트가 사용됩니다. 제네릭에 트레이트를 사용하는 방법은 파라미터 타입과 리턴 타입의 두 가지가 있습니다.

파라미터 타입

impl Trait을 함수의 파라미터에 추가해서 제네릭 타입을 특정 트레이트를 구현하는 타입으로 제한할 수 있습니다. 다음 예제에서 copy 함수의 파라미터는 Copy 트레이트를, clone 함수는 Clone 트레이트를 구현하는 타입만 입력으로 받습니다. 따라서 i32는 copy와 clone에 입력할 수 있지만, String은 Copy 트레이트가 없기 때문에 clone은 가능하지만 copy에는 입력할 수 없습니다.

```rust
fn copy(_item: impl Copy) {
    println!("Copy");
}

fn clone(_item: impl Clone) {
    println!("Clone");
}

fn main() {
    let num = 1;
    copy(num);
    clone(num);

    let string = String::from("Hello");
```

```
        clone(string);
        copy(string); // 🤮
    }
```

▶ **실행 결과**

```
error[E0277]: the trait bound `String: Copy` is not satisfied
  --> src/main.rs:16:10
    |
16  |     copy(string); // 🤮
    |     ---- ^^^^^^ the trait `Copy` is not implemented for `String`
    |     |
    |     required by a bound introduced by this call
    |
note: required by a bound in `copy`
  --> src/main.rs:1:21
    |
1   | fn copy(_item: impl Copy) {
    |                     ^^^^ required by this bound in `copy`
```

트레이트 바운드

트레이트 바운드 Trait bound란 impl Trait를 사용하는 대신 좀 더 간결하게 표현할 수 있는 방법입니다. 다음과 같이 제네릭 타입 뒤에 트레이트를 표기해주게 되면 타입 T는 반드시 Display 트레이트를 구현한 타입이어야 합니다.

```
use std::fmt::Display;

fn some_function<T: Display>(t: &T) {
    println!("{}", t);
}

fn main() {
    let x = 5;
    some_function(&x);
}
```

이를 원래대로 impl Trait를 사용하면 다음과 같습니다.

```rust
fn some_function(t: &impl Display) {
    println!("{}", t);
}
```

트레이트 바운드를 사용하면 다음과 같이 타입을 복합적으로 표현할 수 있습니다.

```rust
fn some_function<T: Display + Clone, U: Clone + Debug>(t: &T, u: &U) {}
```

여러 개의 트레이트를 동시 구현한 타입을 표기할 때는 `impl Trait`를 사용하는 것보다 간결하게 표기할 수 있습니다. 하지만 타입 표현이 길어져서 함수 선언을 알아보기가 어려워지므로 `where`문을 사용해 좀 더 읽기 쉽게 바꿀 수 있습니다.

```rust
use std::fmt::{Debug, Display};

fn some_function<T, U>(t: &T, u: &U)
where
    T: Display + Clone,
    U: Clone + Debug,
{
    println!("{} {:?}", t, u);
}

fn main() {
    let x = 5;
    let y = vec![1, 2, 3];
    some_function(&x, &y);
}
```

터보피시

터보피시turbofish는 제네릭 타입인 파라미터에 구체적인 타입을 지정하는 데 사용됩니다.

```rust
identifier::<type>
```

이번에는 터보피시가 유용한 상황 두 가지를 살펴보겠습니다.

타입 애너테이션 대신 사용되는 경우

간결성을 위해 명시적으로 타입을 표기하는 터보피시를 사용할 수 있습니다. 다음 코드와 같이, 대부분의 상황에서 컴파일러가 타입을 추론할 수 있습니다.

```
use std::collections::HashMap;

fn main() {
    let mut students = HashMap::new();
    students.insert("buzzi", 100);
}
```

하지만 다음과 같이 어떤 원소를 넣는지 알 수 없으므로 타입을 명시적으로 알려줘야 합니다.

```
use std::collections::HashMap;

fn main() {
    let mut students: HashMap<&str, i32> = HashMap::new();
}
```

변수에 직접 타입을 표기하는 대신, new() 함수를 어떤 타입에 대해 호출할 것인지를 터보피시로 나타낼 수 있습니다.

```
use std::collections::HashMap;

fn main() {
    let mut students: HashMap = HashMap::<&str, i32>::new();
}
```

이번에는 더 복잡한 형태의 예제를 살펴보겠습니다. collect 함수 호출에 터보피시가 사용됐습니다.

```
fn double<T>(vector: Vec<T>) -> impl Iterator<Item = T> {
    vector.into_iter().map(|x| x)
}

fn main() {
    let nums = double(vec![1, 2, 3]).collect::<Vec<i32>>();
    println!("{:?}", nums);
    let nums: Vec<String> =
        double(vec!["1".to_string(), "2".to_string(), "3".to_string()]).collect();
```

```
    println!("{:?}", nums);
}
```

앞에서도 언급했듯이 대부분의 상황에서는 컴파일러가 변수의 타입을 추론할 수 있기 때문에 타입 애너테이션 대신 터보피시를 사용하는 것이 별로 유용하지 않을 수 있습니다.

명시적 타입 애너테이션이 작동하지 않을 경우

다음 코드를 VSCode에 입력해보면 타입 추론이 되지 않는 것을 알 수 있습니다. nums: Vec<i32> 와 같이 타입을 명시적으로 표기해주면 비로소 컴파일됩니다.

```
fn main() {
    let nums = ["1", "2", "three"]
        .iter()
        .filter_map(|x| x.parse().ok())
        .collect();
}
```

하지만 다음 코드에서는 nums의 타입을 bool로 지정하더라도 여전히 타입 추론이 불가능합니다.

```
fn main() {
    let nums: bool = ["1", "2", "three"]
        .iter()
        .filter_map(|x| x.parse().ok())
        .collect() // 💀
        .contains(&1);
}
```

이 문제를 해결하려면 collect 함수의 결과를 변수에 먼저 저장하고, 그 변수로부터 contains 함수를 사용해야 합니다.

```
fn main() {
    let nums: Vec<i32> = ["1", "2", "three"]
        .iter()
        .filter_map(|x| x.parse().ok())
        .collect();
    let result = nums.contains(&1);
}
```

터보피시를 사용하면 중간 결과를 변수에 저장하는 불필요한 과정 없이 한 줄로 표현이 가능합니다.

```
fn main() {
    let nums: bool = ["1", "2", "three"]
        .iter()
        .filter_map(|x| x.parse().ok())
        .collect::<Vec<i32>>()
        .contains(&1);
}
```

9.4 미니 프로젝트: cat 만들어보기

clap은 러스트에서 CLI 앱을 쉽게 만들 수 있도록 도와주는 크레이트입니다. 최근 릴리스에서 derive라는 기능을 사용해 앱을 더 쉽게 만드는 기능이 추가됐습니다. 이 기능을 사용하려면 설치할 때 --features derive 옵션을 추가하면 됩니다.

```
cargo add clap --features derive
```

먼저 커맨드라인 정보를 읽어올 Args 구조체를 선언합니다.

```
use clap::Parser;

#[derive(Parser, Debug)]
#[command(author, version, about, long_about = None)]
struct Args {
    #[arg(short, long)]
    name: String,
}
```

파일로부터 데이터를 읽어올 함수 cat을 정의합니다.

```
fn cat(filename: &str) -> io::Result<()> {
    let file = File::open(filename)?;
    let reader = BufReader::new(file);

    for line in reader.lines() {
```

```
        println!("{}", line?);
    }

    Ok(())
}
```

cat 함수가 제대로 작동하는지 시험하기 위해 현재 경로에 `test.txt` 파일을 만들고 다음 내용을 입력합니다.

```
name: John
age: 32
rating: 10
```

main 함수에서 cat을 호출합니다.

```
use std::{
    fs::File,
    io::{self, BufRead, BufReader},
};

fn cat(filename: &str) -> io::Result<()> {
    let file = File::open(filename)?;
    let reader = BufReader::new(file);

    for line in reader.lines() {
        println!("{}", line?);
    }

    Ok(())
}

fn main() {
    cat("text.txt").unwrap()
}
```

사용자로부터 정보를 입력받기 위해 처음에 만든 `Args` 구조체를 사용합니다.

```
use clap::Parser;
use std::{
    fs::File,
    io::{self, BufRead, BufReader},
```

```
};

#[derive(Parser, Debug)]
#[command(author, version, about, long_about = None)]
struct Args {
    #[arg(short, long)]
    name: String,
}

fn cat(filename: &str) -> io::Result<()> {
    let file = File::open(filename)?;
    let reader = BufReader::new(file);

    for line in reader.lines() {
        println!("{}", line?);
    }

    Ok(())
}

fn main() {
    let args = Args::parse();

    cat(&args.name).unwrap()
}
```

원래는 바이너리를 사용해야 하지만, 편의를 위해 만들어진 바이너리에 옵션을 넘기는 -- 파이프 를 사용합니다.

```
cargo run -- --name my_best_friends.txt
```

▶ 실행 결과

```
name: John
age: 32
rating: 10
```

9.5 라이프타임과 스태틱

레퍼런스와 소유권 대여 규칙에서 다루지 않은 한 가지가 있습니다. 바로 러스트의 모든 레퍼런스 는 유효한 범위인 **라이프타임**lifetime이 있다는 것입니다. 레퍼런스의 라이프타임은 변수의 타입이 추론되는 것과 마찬가지로 대부분의 상황에서 컴파일러가 추론 가능합니다.

라이프타임

다만, 어떤 레퍼런스가 언제까지 유효_{living}한지를 컴파일러에 명시적으로 알려야 할 때가 있습니다. 가령 다음과 같은 경우에는 컴파일되지 않습니다.

```
fn main() {
    let r;

    {
        let x = 5;
        r = &x;
    }

    println!("r: {}", r);
}
```

내부 스코프에서 참조된 x가 스코프를 벗어나면 값이 삭제되기 때문에 r이 가리키고 있는 **값이 없는** 상태가 됩니다. 이런 경우를 허상 참조_{dangling reference}라고 합니다.

아쉽게도 변수에 라이프타임을 추가하는 문법은 아직 러스트에 없습니다. 대신 함수에서 **파라미터와** 리턴값의 라이프타임을 추가하는 방법을 알아봅니다.

함수에서의 라이프타임

함수에서 라이프타임이 왜 필요한지를 알아보기 위해 다음과 같은 예제를 생각해보겠습니다. longest 함수는 두 개의 문자열 슬라이스 x와 y를 입력받아서 둘 중 길이가 긴 값을 리턴하는 **함수입니다.** 얼핏 봐서는 아무 문제가 없어 보이지만, 컴파일을 해보면 라이프타임 관련 에러가 **발생합니다.**

```
fn main() {
    let string1 = String::from("abcd");
    let string2 = "xyz";

    let result = longest(string1.as_str(), string2);
    println!("The longest string is {}", result);
}
```

```
fn longest(x: &str, y: &str) -> &str {
    if x.len() > y.len() {
        x
    } else {
        y
    }
}
```

▶ **실행 결과**

```
error[E0106]: missing lifetime specifier
 --> src/main.rs:9:33
  |
9 | fn longest(x: &str, y: &str) -> &str {
  |               ----     ----      ^ expected named lifetime parameter
  |
  = help: this function's return type contains a borrowed value, but the signature does not
say whether it is borrowed from `x` or `y`
help: consider introducing a named lifetime parameter
  |
9 | fn longest<'a>(x: &'a str, y: &'a str) -> &'a str {
  |           ++++     ++           ++          ++
```

컴파일러는 longest 함수가 x 혹은 y 중 어떤 값을 리턴할지를 컴파일 타임에 미리 알 수 없습니다. 컴파일러는 len 함수를 호출하지 않기 때문입니다. 컴파일러의 입장에서는 함수가 종료되고 나서 x와 y가 삭제될 시점을 모릅니다. x와 y가 언제까지 스코프에서 유효한지를 알 수 없어서 리턴 값 역시 유효 시간을 알지 못합니다. 따라서 함수에 라이프타임을 표시해서 리턴되는 값이 언제까지 유효한지를 알려줘야 합니다.

변수에 라이프타임을 표기하는 방법은 다음과 같습니다. 홑따옴표(')와 라이프타임 변수 a를 사용했습니다.

```
&i32        // 레퍼런스
&'a i32     // 명시적인 라이프타임이 추가된 레퍼런스
&'a mut i32 // 명시적인 라이프타임이 추가된 가변 레퍼런스
```

보통 라이프타임 변수는 a부터 시작해 알파벳 순서대로 이름을 붙이게 됩니다. 예를 들어, 함수에 여러 개의 라이프타임이 있다면 'a i32, 'b i32와 같이 표기할 수 있습니다. 규칙에 따라 longest에 라이프타임을 나타내면 다음과 같습니다.

```rust
fn main() {
    let string1 = String::from("abcd");
    let string2 = "xyz";

    let result = longest(string1.as_str(), string2);
    println!("The longest string is {}", result);
}

fn longest<'a>(x: &'a str, y: &'a str) -> &'a str {
    if x.len() > y.len() {
        x
    } else {
        y
    }
}
```

▶ 실행 결과

```
The longest string is abcd
```

NOTE

'라이프타임 표기는 레퍼런스의 실제 라이프타임을 바꾸지 않는다'는 점을 반드시 기억해야 합니다. 단지 여러 레퍼런스가 갖는 각자의 라이프타임들 사이의 관계를 표시하는 것뿐입니다.

이번에는 서로 다른 라이프타임을 갖는 string1과 string2를 사용해봅니다. string2는 중괄호 안에 선언됐기 때문에 longest 함수의 호출이 끝난 후 드롭될 것입니다.

```rust
fn main() {
    let string1 = String::from("long string is long");
    let result;
    {
        let string2 = String::from("xyz");
        result = longest(string1.as_str(), string2.as_str()); // 💀
    }
    println!("The longest string is {}", result);
}

fn longest<'a>(x: &'a str, y: &'a str) -> &'a str {
    if x.len() > y.len() {
        x
```

```
    } else {
        y
    }
}
```

```
error[E0597]: `string2` does not live long enough
 --> src/main.rs:6:44
  |
6 |         result = longest(string1.as_str(), string2.as_str()); // 💀
  |                                             ^^^^^^^^^^^^^^^^^ borrowed value does not
live long enough
7 |     }
  |     - `string2` dropped here while still borrowed
8 |     println!("The longest string is {}", result);
  |                                          ------ borrow later used here
```

string2의 레퍼런스가 스코프 안에서만 유효하기 때문에 이와 같은 라이프타임을 갖는 result는 스코프 밖에서 유효하지 않습니다.

코드가 작동하도록 하기 위해서 x와 y에 각각 다른 라이프타임 a와 b를 명시해주겠습니다. 그리고 둘 중에서 더 긴 라이프타임을 갖는 x를 리턴하도록 리턴 타입에도 라이프타임 a를 표기해주면 코드가 정상적으로 실행됩니다.

```
fn main() {
    let string1 = String::from("long string is long");
    let result;
    {
        let string2 = String::from("xyz");
        result = longest(string1.as_str(), string2.as_str());
    }
    println!("The longest string is {}", result);
}

fn longest<'a, 'b>(x: &'a str, y: &'b str) -> &'a str {
    if x.len() > y.len() {
        x
    } else {
        "y is no use here 😊"
    }
}
```

```
The longest string is long string is long
```

이 코드에서는 항상 라이프타임이 더 긴 x만을 리턴할 수 있습니다. 따라서 실제로는 별로 의미가 없는 코드가 됐습니다 그래서 실제로 라이프타임을 어떤 식으로 활용하는 것인지 약간 혼란스러울 것입니다.

다행스럽게도 대부분 컴파일러가 라이프타임을 알아서 적용하기 때문에 개발자가 직접 라이프타임을 명시해야 하는 경우는 매우 드뭅니다. 따라서 여기서는 라이프타임이 레퍼런스의 유효 범위를 결정하기 위해 필요하다는 사실만 기억해도 됩니다.

스태틱 라이프타임

스태틱static이라는 특별한 라이프타임은 해당 레퍼런스가 프로그램이 시작하는 순간부터 끝날 때까지 계속 존재할 수 있음을 나타냅니다. static으로 선언된 변수는 프로그램의 시작과 끝까지 접근이 가능한 값이기 때문에, 프로그램 어디에서도 접근이 가능한 전역 변수가 됩니다. static으로 선언된 변수는 메모리의 스택 영역에 저장됩니다.

로그 레벨을 나타내는 LOG_LEVEL이라는 변수를 메인 모듈이 아닌 곳에서 선언하고, 메인 모듈에서 참조해봅니다. my_module.rs에 다음과 같이 변수를 선언합니다.

```
pub let LOG_LEVEL: i32 = 0;
```

벌써 빨간 줄이 생기며 오류가 발생하는 것을 알 수 있습니다. 일단 무시하고 main.rs에 다음과 같이 작성한 후 컴파일합니다.

```
mod my_module;

use my_module::LOG_LEVEL;

fn main() {
    println!("LOG_LEVEL is {}", LOG_LEVEL);
}
```

```
...
error: expected item, found keyword `let`
 --> src/my_module.rs:2:5
  |
2 |     pub let LOG_LEVEL: i32 = 0;
  |         ^^^ consider using `const` or `static` instead of `let` for global variables
...
```

여러 오류가 발생하지만 그중 하나만 살펴보겠습니다. 에러의 내용은 일반 변수를 전역 변수로 선언할 수 없다는 것입니다. 컴파일러의 조언에 따라서 my_module.rs를 다음과 같이 수정하고 컴파일해보겠습니다.

```
pub static LOG_LEVEL: i32 = 0;
```

```
LOG_LEVEL is 0
```

정상적으로 실행됩니다. 따라서 static으로 변수를 선언하면, 선언된 모듈을 벗어나더라도 다른 모듈에서 그 값을 참조할 수 있음을 알 수 있습니다.

참고로, 모든 문자열 리터럴은 스태틱 라이프타임을 갖고 있습니다. 평상시에는 static 키워드를 생략할 수 있어서, 다음 두 줄은 사실상 같은 코드입니다.

```
let s: &'static str = "Long live the static!";
let s: &str = "Long live the static!";
```

위의 두 변수를 전역 변수로 선언하면 다음과 같습니다.

```
static STATIC1: &'static str = "Long live the STATIC!";
static STATIC2: &str = "Long live the STATIC!";

fn main() {
    println!("{} == {}", STATIC1, STATIC2);
}
```

```
Long live the STATIC! == Long live the STATIC!
```

> **NOTE**
>
> 문자열 관련 코드를 작성하다가 레퍼런스 관련 오류가 발생하면 오류 메시지에서 스태틱 라이프타임을 사용하라는 컴파일러의 제안을 볼 수 있습니다. 다음 코드를 컴파일합니다.

```rust
fn dummy() -> &str {
    "Long live the static!"
}

fn main() {
    println!("{}", dummy());
}
```

▶ 실행 결과

```
error[E0106]: missing lifetime specifier
 --> src/main.rs:1:15
  |
1 | fn dummy() -> &str {
  |               ^ expected named lifetime parameter
  |
  = help: this function's return type contains a borrowed value, but there is no value
for it to be borrowed from
help: consider using the `'static` lifetime
  |
1 | fn dummy() -> &'static str {
  |                +++++++
```

컴파일러가 'static 라이프타임을 추가할 것을 추천합니다. 하지만 라이프타임은 문자열의 존재 기간을 명확하게 명시하는 용도이기 때문에 무분별하게 스태틱을 쓰면 메모리를 비효율적으로 사용하게 됩니다. 정말 프로그램 전체에서 사용할 값이 아니라면 바로 스태틱 라이프타임을 사용하지 말고, 이 문자열의 정확한 라이프타임을 먼저 적용하거나, String 타입을 대신 사용하는 것이 좋습니다. 대부분은 String 타입을 적용하기를 권합니다.

```rust
fn dummy() -> String {
    "Long live the static!".to_string()
}

fn main() {
    println!("{}", dummy());
}
```

lazy_static

스태틱 라이프타임은 변수의 값이 컴파일 타임에 결정돼야 한다는 단점이 있습니다. 따라서 다음 코드처럼 함수의 실행 결과로부터 값이 결정되는 상황, 즉 런타임에 값이 결정될 때는 컴파일되지 않습니다.

```rust
static STATIC: i32 = define_static();

fn define_static() -> i32 {
    3
}

fn main() {
    println!("{}", STATIC);
}
```

`lazy_static` 크레이트를 사용하면 스태틱 라이프타임을 갖는 변수를 런타임에 설정 가능합니다. 다음 명령어를 실행해 크레이트를 추가합니다.

```
cargo add lazy_static
```

코드를 다음과 같이 수정합니다. 변수 STATIC에 `ref` 키워드가 사용되고 main 함수에서는 `*`을 붙인 것을 알 수 있습니다. `ref`와 `*`는 11장에서 배울 것이기 때문에 여기서는 `ref`와 `*`가 없다고 생각해도 됩니다. 정상적으로 컴파일되고 실행됩니다.

```rust
#[macro_use]
extern crate lazy_static;

lazy_static! {
    static ref STATIC: i32 = define_static();
}

fn define_static() -> i32 {
    3
}

fn main() {
    println!("{}", *STATIC);
}
```

```
3
```

> **NOTE**
>
> 앞의 예제에서 define_static 함수가 고정된 값인 3을 리턴하기 때문에 다음과 같이 수정해도 컴파일됩니다.
> 물론 런타임에 값이 결정될 때는 함수에 const 키워드를 사용할 수 없습니다.
>
> ```rust
> static STATIC: i32 = define_static();
> const fn define_static() -> i32 {
>     3
> }
> fn main() {
>     println!("{}", STATIC);
> }
> ```

static vs const

이전의 컴파일이 되지 않았던 LOG_LEVEL 예제의 실행 결과를 다시 살펴보겠습니다.

```
error: expected item, found keyword `let`
 --> src/my_module.rs:2:5
  |
2 | pub let LOG_LEVEL: i32 = 0;
  |     ^^^ consider using `const` or `static` instead of `let` for global variables
```

static을 사용했지만, 컴파일러는 const 혹은 static을 사용해 전역 변수를 선언하라고 합니다.
같은 예제를 const를 사용하도록 고쳐보겠습니다. my_module.rs만 수정하면 됩니다.

```rust
pub const LOG_LEVEL: i32 = 0;
```

▶ 실행 결과

```
LOG_LEVEL is 0
```

static을 사용한 것과 같은 결과입니다. 그럼 두 키워드는 정확히 어떤 차이가 있는 걸까요?

변수의 저장 위치에서 가장 큰 차이가 있습니다. static은 변수가 스택 영역에 선언되고, const는 바이너리에 값이 포함돼 컴파일됩니다. 따라서 static 변수보다 const 변수에 접근하는 것이 더 빠릅니다. 두 번째는 값에 접근하는 방법입니다. static은 스택 영역의 메모리 공간에 단 하나의 값이 저장되지만, const는 컴파일 타임에 const가 사용되는 코드의 모든 위치가 해당 값으로 변경됩니다. 예를 들어, 이 코드를 컴파일해봅니다.

```
const CONST: i32 = 3;

fn main() {
    let num = 1 + CONST;
    println!("{}", CONST);
}
```

그러면 다음 코드와 같아집니다.

```
fn main() {
    let num = 4; // 1 + 3
    println!("{}", 3);
}
```

전역 변수의 고정된 메모리 주소가 필요한 경우가 아니라면, 대부분 const를 사용하면 됩니다. 다만, 이때도 const가 너무 많이 참조된다면 바이너리 크기가 커질 수 있다는 단점이 있습니다.

10

에러 처리와 로깅

에러 처리는 프로그램이 문제 상황을 미리 대비할 수 있게 해서 프로그램이 중단되지 않고 작동할 수 있도록 하는 역할을 합니다. 파이썬이나 자바스크립트 같은 언어는 에러를 발생시키는throw/raise 방식을 사용합니다. 반면에 러스트의 에러 처리는 고와 비슷한 방식으로 함수에서 에러를 리턴해 함수를 호출한 코드에서 에러를 처리합니다. 다만 고에서는 함수가 반드시 에러를 리턴할 필요가 없기 때문에 여전히 에러를 제대로 처리하지 못할 가능성이 있습니다. 러스트는 타입을 통해 반드시 에러를 처리하도록 하기 때문에 안정적인 프로그램을 만들 수 있습니다.

10.1 에러 처리의 철학

파이썬의 에러 처리

파이썬에서는 두 가지 방법으로 에러를 처리할 수 있습니다.

LBYL

'뛰기 전에 살펴볼 것look before you leap'. **LBYL** 방식은 어떤 것을 실행하기 전에 에러가 발생할 수 있는 요소들을 조건문으로 미리 검사하는 방식을 말합니다. LBYL 방식은 함수를 호출하거나 값을 확인하기 명시적으로 전제 조건을 확인하기 때문에 if문이 많다는 특징이 있습니다. 예를 들어, 파이썬에서 딕셔너리에 없는 키를 넣으면 KeyError가 발생하는데, 딕셔너리에 키를 넣기 전에 키가 있는지 검사하면 KeyError로 인해 프로그램이 종료되는 것을 방지할 수 있습니다.

```python
if key in mapping:
    return mapping[key]
```

> **NOTE**
>
> 12장에서 다룰 멀티스레드 환경에서 LBYL 접근 방식을 사용하면 드물게 값이 존재하는지 확인한 시점과 실제로 값을 꺼내는 시점 사이에 키가 삭제돼 KeyError가 발생하는 스레드 경합이 일어날 가능성이 있습니다.

EAFP

'용서를 구하는 것이 허락을 구하는 것보다 쉽다easier to ask for forgiveness than permission'. **EAFP** 방식은 코드가 에러 없이 실행될 것이라고 가정하고 일단 실행한 다음 에러가 발생하는 경우를 별도로 처리하는 방식입니다. 이 방식은 어떤 에러가 발생할지를 미리 정의하고 각 상황마다 다르게 처리를 할 수 있습니다. try except문을 통해 EAFP 방식을 구현할 수 있습니다.

▶ 파이썬

```python
try:
    file = open("file.txt", "r")
except FileNotFoundError:
    print("File not found")
```

러스트의 에러 처리

러스트의 접근 방식은 컴파일 타임과 런타임으로 나눠 생각해볼 수 있습니다. 컴파일 타임에는 LBYL 방식으로 컴파일러가 타입, 소유권 등을 미리 검사하게 됩니다. 런타임에 발생할 수 있는 에러는 Result를 사용합니다. Result는 에러가 발생하더라도 프로그램이 종료되지 않고, 에러의 종류에 따라 호출한 코드에서 적절한 처리를 해야 하기 때문에 EAFP 방식이라고 할 수 있습니다.

Result를 사용하면 에러가 발생하더라도 원래 코드의 진행을 복구시킬 수 있지만, 간혹 프로그램에 패닉이 발생하면 더는 프로그램을 진행할 수 없습니다. 또는 직접 panic! 매크로를 사용해 복구 불가능한 치명적인 오류에 대해 프로그램을 즉시 종료할 수 있습니다.

10.2 panic!

파이썬에서 코드를 즉시 종료시키고 싶다면 raise 키워드를 사용해 에러를 발생시키면 됩니다. 어떤 종류의 에러든 상관없지만, 가장 일반적인 경우를 발생시켜보면 다음과 같습니다.

▶ **파이썬**

```
raise Exception
```

▶ **실행 결과**

```
Traceback (most recent call last):
  File "/temp/python/main.py", line 1, in <module>
    raise Exception
Exception
```

> **NOTE**
>
> 정확히는 파이썬의 예외와 에러는 약간 다르지만, 여기서는 편의상 둘을 묶어서 에러라고 하겠습니다.

또는 sys.exit을 사용해서 코드를 끝낼 수도 있습니다.

▶ **파이썬**

```
import sys

def divide(a, b):
    if b == 0:
        sys.exit("Cannot divide by zero")
    return a / b

divide(1, 0)
```

▶ **실행 결과**

```
Cannot divide by zero
```

러스트에서 프로그램이 런타임에 예상치 못한 오류로 종료될 때 패닉이 발생한다고 합니다. 패닉이 발생하는 경우는 두 가지입니다.

- 배열에 잘못된 인덱스를 참조할 때와 같이 패닉이 발생하는 코드를 실행한 경우
- panic! 매크로를 직접 실행하는 경우

배열을 만들고 잘못된 인덱스로 값을 참조해보겠습니다. nums[4] 같이 코드를 작성하면 컴파일이 되지 않기 때문에 for 루프를 사용합니다.

▶ **러스트**

```rust
fn main() {
    let nums = [1, 2, 3];

    for i in 0..4 {
        println!("{}", nums[i]);
    }
    println!("Finished");
}
```

▶ **실행 결과**

```
1
2
3
thread 'main' panicked at 'index out of bounds: the len is 3 but the index is 3',
src/main.rs:5:24
note: run with `RUST_BACKTRACE=1` environment variable to display a backtrace
```

코드가 컴파일되지만 런타임에 인덱스가 범위를 벗어나서 패닉이 발생하고 프로그램이 중단됩니다. 프로그램이 패닉이 발생하는 순간 바로 멈추기 때문에 코드 마지막 줄은 실행되지 않습니다.

두 번째 방법으로, panic! 매크로를 직접 사용하면 다음과 같이 원하는 시점에 패닉을 발생시킬 수 있습니다.

▶ **러스트**

```rust
fn main() {
    panic!("💀");
}
```

```
thread 'main' panicked at '💀', src/main.rs:2:5
note: run with `RUST_BACKTRACE=1` environment variable to display a backtrace
```

어떤 코드가 문제인지를 알고 싶다면, 컴파일러가 알려준 대로 환경 변수 RUST_BACKTRACE=1를 추가해서 컴파일하면 됩니다. 그러면 코드의 어떤 부분에서 패닉이 발생했는지를 좀 더 자세히 알 수 있습니다.

> **NOTE**
> 윈도우에서는 set RUST_BACKTRACE=1을 먼저 실행한 다음 cargo run을 실행합니다.

```
RUST_BACKTRACE=1 cargo run
    Finished dev [unoptimized + debuginfo] target(s) in 0.05s
     Running `target/debug/rust_part`
thread 'main' panicked at '💀', src/main.rs:2:5
stack backtrace:
   0: rust_begin_unwind
             at /rust c/d5a82bbd26e1ad8b7401f6a718a9c57c96905483/library/std/src/panicking.rs:575:5
   1: core::panicking::panic_fmt
             at /rust c/d5a82bbd26e1ad8b7401f6a718a9c57c96905483/library/core/src/panicking.rs:64:14
   2: chat_server::main
             at ./src/main.rs:2:5
   3: core::ops::function::FnOnce::call_once
             at /rust c/d5a82bbd26e1ad8b7401f6a718a9c57c96905483/library/core/src/ops/
function.rs:507:5
note: Some details are omitted, run with `RUST_BACKTRACE=full` for a verbose backtrace.
```

10.3 unwrap

unwrap이라는 말은 안에 들어 있는 내용물을 꺼내기 위해 포장을 뜯는다는 의미가 있습니다. 러스트의 unwrap 함수 역시 Option이나 Result 안에 있는 값을 꺼낸다는 의미로 사용됩니다.

unwrap

다음과 같은 함수를 생각해봅니다. unwrap 함수는 Option을 리턴하는데, 이전에 열거형에서 배웠던 것처럼 어떤 계산의 결과가 비어 있거나 없을 가능성이 있을 때 Option<T>을 써서 이를 표현할 수 있습니다. give_some_or_none 함수는 입력받는 파라미터가 true라면 결괏값인 문자열을 Some으로 감싸서 리턴하고, false라면 None이 리턴됩니다.

```rust
fn give_some_or_none(some: bool) -> Option<String> {
    if some {
        Some(String::from("🖤"))
    } else {
        None
    }
}
```

다만, 해당 함수를 사용하는 곳에서 결괏값을 어떻게 처리할 것인지가 문제입니다. match문을 사용해서 Some과 None을 각각 명시적으로 처리할 수도 있지만, 이 함수의 결과가 항상 Some이라고 가정해보겠습니다. 그렇다면 굳이 None일 경우를 처리하지 않아도 됩니다. 이때, 다음 코드와 같이 unwrap을 사용해서 함수의 결과가 항상 Some이라고 가정하고 Some의 내용물을 꺼낼 수 있습니다.

```rust
fn give_some_or_none(some: bool) -> Option<String> {
    if some {
        Some(String::from("🖤"))
    } else {
        None
    }
}

fn main() {
    println!("{}", give_some_or_none(true).unwrap());
}
```

▶ **실행 결과**

```
🖤
```

그런데 give_some_or_none 함수에 false가 주어진다면 어떨까요?

```rust
fn main() {
    println!("{}", give_some_or_none(false).unwrap());
}
```

```
thread 'main' panicked at 'called `Option::unwrap()` on a `None` value', src/main.rs:10:45
```

여기서 알 수 있듯이, None이 리턴될 때 unwrap을 사용하면 패닉이 발생합니다. 따라서 Option<T>를 리턴하는 함수에 unwrap을 사용하려면 해당 함수가 반드시 Some을 리턴하는 것이 확실해야만 합니다. 그렇지 않으면 match로 모든 경우를 처리하는 게 올바른 방법입니다. 따라서 대부분의 경우에는 unwrap을 쓰지 않는 것이 가장 좋습니다.

Result 열거형에도 unwrap을 사용할 수 있습니다. Result에 unwrap을 쓰면 Ok일 때는 내부의 값을 꺼내고, Err일 때는 패닉이 발생합니다. 다음과 같이 파라미터에 따라 Ok와 Err를 리턴하는 함수를 정의하고 파라미터로 true를 전달하면 Ok 내부의 값이 잘 꺼내지는 것을 알 수 있습니다.

```rust
use std::fmt::Error;

fn give_ok_or_err(bool: bool) -> Result<String, Error> {
    if bool {
        Ok(String::from("💗"))
    } else {
        Err(Error)
    }
}

fn main() {
    let result = give_ok_or_err(true).unwrap();
    println!("{}", result);
}
```

▶ 실행 결과

```
💗
```

함수에서 Err가 리턴되면 즉시 패닉이 발생하고 프로그램이 중단됩니다.

```rust
use std::fmt::Error;

fn give_ok_or_err(bool: bool) -> Result<String, Error> {
    if bool {
        Ok(String::from("💗"))
```

```
        } else {
            Err(Error)
        }
    }

    fn main() {
        let result = give_ok_or_err(false).unwrap();
        println!("{}", result);
    }
```

▶ **실행 결과**

```
thread 'main' panicked at 'called `Result::unwrap()` on an `Err` value: Error', src/main.rs:12:40
note: run with `RUST_BACKTRACE=1` environment variable to display a backtrace
```

Result도 Some과 마찬가지로, 리턴값이 항상 Ok임이 확실할 때만 unwrap을 사용해야 합니다. Err 가 리턴될 가능성이 있으면, 패닉으로 인해 프로그램이 복구 불가능한 상태에 빠지기 때문에 주의 해야 합니다.

Some이나 Ok일 때 그냥 값을 바로 사용하고, None이나 Err일 때만 따로 처리하고 싶을 수도 있습니다. 이럴 때 if문이나 match를 사용해 각 경우를 처리해도 되지만, 간결하면서도 함수형 프로그래밍답게 처리하는 방법이 세 가지가 있습니다.

unwrap_or

unwrap_or은 결과가 Some 또는 Ok면 내부의 값을 사용하고, None 또는 Err라면 함수에서 입력받은 값을 기본값으로 사용합니다. 다음 코드에서는 unwrap_or("bike")를 사용해, 값이 Some이면 내부의 값인 "car"가 사용되고 None이라면 "bike"를 대신 사용합니다.

```
fn main() {
assert_eq!(Some("car").unwrap_or("bike"), "car");
assert_eq!(None.unwrap_or("bike"), "bike");
```

아래 코드에서는 StrResult가 Ok이면 "car"를, 아니라면 "bike"를 리턴하도록 하고 있습니다.

```
fn main() {
    type StrResult<'a> = Result<&'a str, std::fmt::Error>;
    assert_eq!(StrResult::Ok("car").unwrap_or("bike"), "car");
```

```
    assert_eq!(StrResult::Err(std::fmt::Error {}).unwrap_or("bike"), "bike");
}
```

이처럼 unwrap_or를 사용하면 None이나 Err에 대해 복잡한 처리가 필요 없는 경우를 간단하게 표현할 수 있습니다.

unwrap_or_else

unwrap_or은 값을 입력받지만, unwrap_or_else는 함수나 클로저를 입력받습니다. Some 또는 Ok면 내부의 값을 사용하고, None이나 Err라면 입력받은 함수 또는 클로저를 실행해 리턴된 값을 기본값으로 사용합니다.

```
fn main() {
    let k = 10;
    assert_eq!(Some(4).unwrap_or_else(|| 2 * k), 4);
    assert_eq!(None.unwrap_or_else(|| 2 * k), 20);
}
```

unrwap_or_else가 unwrap_or보다 유용한 점이 한 가지 있습니다. 결괏값이 None이나 Err면, unwrap_or에 전달된 함수나 클로저는 즉시 실행해서 해당 케이스에 대한 값을 얻어야 하지만, unwrap_or_else는 함수나 클로저 자체를 전달하기 때문에 호출이 바로 일어나지 않는다는 점입니다.

다음 코드를 살펴봅시다. closure는 1초 동안 기다렸다가 결과로 1을 리턴하는 클로저입니다. unwrap_or에는 값을 전달해야 하기 때문에 클로저를 unwrap_or(closure())와 같이 실행해줘야 합니다. 반면에 unwrap_or_else(closure)에서는 클로저 자체를 전달할 수 있습니다.

```
fn main() {
    let closure = || {
        std::thread::sleep(std::time::Duration::from_secs(1));

        return 1;
    };

    let some = Some(1);
    let start = std::time::Instant::now();
    some.unwrap_or(closure());
```

```
    println!("unwrap_or: {:?}", std::time::Instant::now() - start);
    let start = std::time::Instant::now();
    some.unwrap_or_else(closure);
    println!("unwrap_or_else: {:?}", std::time::Instant::now() - start);
}
```

▶ 실행 결과

```
unwrap_or: 1.004181172s
unwrap_or_else: 71ns
```

앞에서 설명한 것처럼 unwrap_or에서는 실제로는 값이 필요 없는데도 불구하고 클로저가 즉시 실행돼 1초 간 지연이 발생하지만, unwrap_or_else에서는 값이 필요 없다면 클로저가 실행되지 않아 코드가 빨리 실행됩니다. 즉 함수 호출의 결과를 리턴해야 하는 경우라면, 실제로 값이 필요할 때만 함수가 실행되는 unwrap_or_else를 사용하는 것이 좋습니다.

unwrap_or_default

unwrap_or_result는 None이나 Err일 때 Option이나 Result 내부 타입의 기본값을 사용합니다. 물론 Some 또는 Ok라면 내부의 값을 사용합니다.

```
fn main() {
    let x: Option<u32> = Some(12);
    let y: Option<u32> = None;

    assert_eq!(x.unwrap_or_default(), 12);
    assert_eq!(y.unwrap_or_default(), 0);

    let x: Result<u32, &str> = Ok(12);
    let y: Result<u32, &str> = Err("Nothing here");

    assert_eq!(x.unwrap_or_default(), 12);
    assert_eq!(y.unwrap_or_default(), 0);
}
```

원시 타입의 기본값은 다음과 같습니다.

- bool의 기본값은 false입니다.
- char의 기본값은 널 문자 '\0'입니다.

- 모든 숫자 타입들(f32, f64, i8, i16, i32, i64, i128, isize, u8, u16, u32, u64, u128 및 usize)의 기본값은 0입니다.

> **NOTE**
>
> 원시 타입은 Default 트레이트 덕분에 타입에 기본값을 정의할 수 있습니다. 마찬가지 방법으로 직접 작성한 구조체에 기본값을 지정하려면 다음과 같이 Default 트레이트를 구현하면 됩니다.
>
> ```rust
> struct Point {
>     x: i32,
>     y: i32,
> }
>
> impl Default for Point {
>     fn default() -> Self {
>         Point { x: 0, y: 0 }
>     }
> }
>
> fn main() {
>     let result_p = None::<Point>;
>     let p = result_p.unwrap_or_default();
>     assert_eq!(p.x, 0);
>     assert_eq!(p.y, 0);
> }
> ```

10.4 expect

unwrap은 코드가 반드시 성공한다는 확신이 있을 때만 사용한다고 했습니다. 하지만 unwrap 자체는 패닉에 대한 기본적인 정보만을 제공할 뿐, 패닉이 발생한 이유나 해결 방법에 관해서는 구체적으로 알려주지 않습니다. 다음 코드를 살펴보겠습니다.

```rust
use std::env;

fn main() {
    env::var("RUST_LOG").unwrap();
}
```

```
thread 'main' panicked at 'called `Result::unwrap()` on an `Err` value: NotPresent', src/
main.rs:5:26
note: run with `RUST_BACKTRACE=1` environment variable to display a backtrace
```

환경 변수 RUST_LOG를 불러오려고 했지만 변수가 설정되지 않아서 패닉이 발생했습니다. 여기에서 unwrap이 사용됐다는 것은 이 코드가 반드시 성공할 것으로 가정했기 때문입니다. 그렇다면 상황을 어떻게 해결할 수 있을까요?

expect 메서드는 unwrap 메서드와 비슷하지만 사용자 지정 메시지를 파라미터로 사용해서 패닉 상황에 대한 추가 설명을 넣을 수 있습니다. 방금 전의 코드를 expect로 개선해보겠습니다.

```rust
use std::env;

fn main() {
    env::var("RUST_LOG").expect("Run setup.sh before running this program");
}
```

▶ 실행 결과

```
thread 'main' panicked at 'Run setup.sh before running this program: NotPresent', src/main.rs:4:26
note: run with `RUST_BACKTRACE=1` environment variable to display a backtrace
```

안내 메시지가 추가됐기 때문에 해당 문제의 해결책을 쉽게 확인할 수 있습니다.

expect를 사용하면 오류가 발생했을 때 디버깅하기가 더 쉬워집니다. 그러나 unwrap과 마찬가지로 일반적으로 expect보다는 match 또는 다음에 배울 ?와 같은 명시적인 오류 처리 방법을 사용하는 것이 좋습니다.

10.5 ? 연산자

앞에서 살펴본 unwrap, expect 등은 에러가 발생하면 패닉이 발생할 위험이 있고, ok_or이나 if let, match 등은 에러 상황을 처리할 코드를 직접 작성해야 하는 부담이 있습니다.

? **연산자**를 이용해 현재 함수에서 발생한 에러를 현재 함수를 호출한 곳으로 전달할 수 있습니다. 이때 함수의 리턴 타입은 반드시 Result가 돼야 하며, ? 연산자를 통해 발생할 수 있는 에러를 Result에 명시해야 합니다. 따라서 ? 연산자를 사용하면 함수의 리턴 타입을 통해 발생할 수 있는 에러를 미리 예측할 수 있게 됩니다.

? 연산자가 어떻게 작동하는지를 살펴봅니다. ? 연산자는 함수 호출 바로 뒤에 사용되고, 함수의 실행 결과가 Ok라면 함수를 계속 진행하고, Err라면 즉시 함수를 종료하고 해당 Err를 리턴합니다.

```rust
use std::fmt::Error;

fn give_ok_or_err(bool: bool) -> Result<String, Error> {
    if bool {
        Ok(String::from("🖤"))
    } else {
        Err(Error)
    }
}

fn question_mark(bool: bool) -> Result<String, Error> {
    let result = give_ok_or_err(bool)?;
    Ok(result)
}

fn main() {
    let result = question_mark(true);
    println!("{:?}", result);
    let result = question_mark(false);
    println!("{:?}", result);
}
```

▶ **실행 결과**

```
Ok("🖤")
Err(Error)
```

실제로는 서드 파티 라이브러리와 같은 외부 코드에서는 함수를 간결하게 작성할 수 있어 ? 연산자가 자주 사용됩니다. 파이썬에서도 함수 내부에서 모든 에러 처리를 하지 않고, 발생한 에러를 호출한 곳으로 전파하는 패턴이 많이 사용되는 것과 같은 원리입니다. 다음 파이썬 코드는 파일을 열고 내용을 리턴하는 함수와 이를 호출하는 코드입니다.

```python
def read_username_from_file():
    with open('hello.txt', 'r') as f:
        s = f.read()
    return s

if __name__ == '__main__':
    try:
        print(read_username_from_file())
    except FileNotFoundError as e:
        print(e)
```

▶ 실행 결과

```
[Errno 2] No such file or directory: 'hello.txt'
```

러스트로 같은 내용을 만들면 다음과 같습니다.

▶ 러스트

```rust
use std::fs::File;
use std::io::{self, Read};

fn read_username_from_file() -> Result<String, io::Error> {
    let mut f = File::open("hello.txt")?;
    let mut s = String::new();
    f.read_to_string(&mut s)?;
    Ok(s)
}

fn main() {
    match read_username_from_file() {
        Ok(s) => println!("{:?}", s),
        Err(e) => println!("{:?}", e),
    }
}
```

▶ 실행 결과

```
Os { code: 2, kind: NotFound, message: "No such file or directory" }
```

파일을 여는 과정에서 오류가 발생해서 `read_username_from_file` 함수가 종료되고 여기서 발생한 에러가 `main` 함수로 전달됐습니다. 이처럼 함수 내부에서 오류를 별도로 처리하지 않고, 함수를 호출한 곳에서 처리하도록 하면 함수 자체를 간결하게 작성할 수 있습니다.

10.6 커스텀 에러 정의

앞에서 expect를 통해 패닉 상황에서 추가적인 정보를 보여줄 수 있었습니다. 그렇다면 일반적인 에러 처리 상황에서 추가 정보를 보여주려면 어떻게 해야 할까요? 바로 커스텀 에러가 유용합니다. **커스텀 에러**란, 프로그램의 특정 부분에서 발생할 수 있는 문제들을 유형화해서 실제로 문제가 발생했을 때 문제를 제대로 처리할 수 있도록 하는 방법입니다.

파이썬에서 다음과 같이 파일을 여는 함수를 실행했다고 가정합니다. 파일이 없다면 `get_content` 함수는 `FileNotFoundError`를 발생시킬 것입니다. 하지만 파일이 없는 이유가 해당 파일이 아직 다운로드되지 않아서라면 단순히 `FileNotFoundError`라고 문제를 표시하는 것만으로는 조금 부족합니다. 따라서 사용자에게 파일이 다운로드되지 않았음을 나타내는 `FileNotDownloaded`를 정의해서 해당 상황을 조금 더 정확하게 처리할 수 있습니다.

▶ 파이썬

```python
import os


def get_content():
    filepath = os.path.join(os.path.pardir, "test.txt")
    with open(filepath, "r") as f:
        return f.read()


class FileNotDownloaded(Exception):
    pass


if __name__ == '__main__':
    try:
        content = get_content()
        print(content)
    except FileNotFoundError as exc:
        raise FileNotDownloaded("File is not yet downloaded") from None
```

```
Traceback (most recent call last):
  File "/temp/python/main.py", line 19, in <module>
    raise FileNotDownloaded("File is not yet downloaded") from None
__main__.FileNotDownloaded: File is not yet downloaded
```

러스트에서도 마찬가지로 구조체에 `fmt::Display`를 구현해서 문제 상황에 대한 추가적인 정보를 제시하고 해당 문제를 적절하게 처리할 수 있습니다.

▶ 러스트

```rust
use std::fmt;
use std::fs::File;
use std::io::{Error, Read};
use std::path::Path;

fn get_content() -> Result<String, Error> {
    let mut content = String::new();
    let filepath = Path::new(std::env::current_dir().unwrap().parent().unwrap()).join("test.txt");
    File::open(filepath)?.read_to_string(&mut content)?;
    Ok(content)
}

#[derive(Debug, Clone)]
struct FileNotDownloaded;

impl fmt::Display for FileNotDownloaded {
    fn fmt(&self, f: &mut fmt::Formatter) -> fmt::Result {
        write!(f, "File is not yet downloaded")
    }
}

fn main() {
    let content = get_content().unwrap_or_else(|_| {
        panic!("{}", FileNotDownloaded);
    });
    println!("{}", content);
}
```

▶ 실행 결과

```
thread 'main' panicked at 'File is not yet downloaded', src/main.rs:24:9
note: run with `RUST_BACKTRACE=1` environment variable to display a backtrace
```

이번에는 서로 다른 에러 상황을 정의하고 각 상황을 호출 부분에서 어떻게 처리할 수 있는지를 살펴봅니다. 이를 위해 파이썬 코드에 `WrongContentError` 에러를 추가했습니다. 이제 `get_content` 함수에서 파일이 없으면 `FileNotFoundError`를, 파일이 있어서 열었지만 내용이 "Hello Python"이 아니면 `WrongContentError`를 발생시킵니다. 메인 부분에서는 `get_content`가 발생시키는 에러의 종류에 따라 서로 다른 처리를 할 수 있도록 구성했습니다.

▶ **파이썬**

```python
import os


def get_content():
    filepath = os.path.join(os.path.pardir, "test.txt")

    content = None
    try:
        with open(filepath, "r") as f:
            content = f.read()
            if content != "Hello Python":
                raise WrongContentError("Unexpected content")
    except FileNotFoundError:
        raise FileNotDownloaded("File is not yet downloaded") from None
    return content


class FileNotDownloaded(Exception):
    pass


class WrongContentError(Exception):
    pass


if __name__ == '__main__':
    try:
        content = get_content()
        print(content)
    except FileNotDownloaded:
        print("Please download the file first")
    except WrongContentError:
        print("Make sure you downloaded the correct file")
```

러스트에서도 동일하게 `WrongContentError`를 추가했습니다. 그런데 문제는 `get_content` 함수가 반드시 에러를 리턴해야 한다는 점입니다. 이전에는 리턴할 에러가 FileNotDownloaded 하나였기 때문에 문제가 없었지만, 지금은 두 가지 에러를 모두 리턴해야만 합니다. 따라서 두 가지 타입을 변수로 갖는 열거형 GetContentError을 정의하고, get_content에서도 이 열거형 타입을 리턴 타입으로 지정하면 됩니다. 이제 main 함수에서 에러가 발생했을 때 다시 한번 match문을 사용해 에러 종류에 따라 다른 처리를 할 수 있도록 구성할 수 있습니다.

▶ 러스트

```
use std::fmt;
use std::fs::File;
use std::io::Read;
use std::path::Path;

#[derive(Debug, Clone)]
struct FileNotDownloaded;

impl fmt::Display for FileNotDownloaded {
    fn fmt(&self, f: &mut fmt::Formatter) -> fmt::Result {
        write!(f, "File is not yet downloaded")
    }
}


#[derive(Debug, Clone)]
struct WrongContentError;

impl fmt::Display for WrongContentError {
    fn fmt(&self, f: &mut fmt::Formatter) -> fmt::Result {
        write!(f, "Unexpected content")
    }
}


enum GetContentError {
    FileNotDownloaded,
    WrongContentError,
}

fn get_content() -> Result<String, GetContentError> {
    let mut content = String::new();
    let filepath = Path::new(std::env::current_dir().unwrap().parent().unwrap()).join("test.txt");
    match File::open(filepath) {
        Ok(mut file) => {
            file.read_to_string(&mut content).unwrap();
            if content != "Hello Rust!" {
                return Err(GetContentError::WrongContentError);
```

```
            }
            Ok(content)
        }
        Err(_) => return Err(GetContentError::FileNotDownloaded),
    }
}

fn main() {
    match get_content() {
        Ok(content) => println!("{}", content),
        Err(e) => match e {
            GetContentError::FileNotDownloaded => println!("Please download the file first"),
            GetContentError::WrongContentError => println!("Make sure you downloaded the
correct file"),
        },
    }
}
```

10.7 로깅

파이썬의 내장 로깅 라이브러리인 logging은 강력한 기능과 유연한 사용법 덕분에 널리 사용되고 있습니다. 간혹 loguru나 twiggy 같은 서드 파티 패키지를 사용하기도 하지만, logging 자체로 대부분의 상황을 다 처리할 수 있기 때문에 여기서도 logging을 사용해서 설명할 것입니다.

일반적으로 파이썬 프로그램의 **로깅**은 다음의 세 단계로 나누어 생각할 수 있습니다.

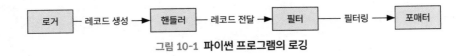

그림 10-1 **파이썬 프로그램의 로깅**

1. 로거logger

2. 핸들러handler

3. 필터filter와 포매터fomatter

가장 먼저 logging.getLogger로 로거를 생성하고, 로그를 표준 출력stdout으로 보내거나 파일 스트림으로 보낼지를 결정하는 핸들러를 만듭니다. 여기서는 파일 스트림으로 보내기 위해 FileHandler를 사용합니다. 다음으로 Formatter를 사용해 로그의 출력 포맷을 결정합니다.

로그를 기록하고 싶은 코드에서는 `logger.debug`, `logger.info`와 같이 로거에 원하는 로깅 레벨의 메서드를 사용하면 됩니다.

▶ 파이썬

```python
import logging

logger = logging.getLogger(__name__)
logger.setLevel(logging.DEBUG)

fh = logging.FileHandler('example.log')

formatter = logging.Formatter(
    '%(asctime)s - %(name)s - %(levelname)s - %(message)s'
)
fh.setFormatter(formatter)

logger.addHandler(fh)

logger.debug('This is a debug message')
logger.info('This is an info message')
logger.warning('This is a warning message')
logger.error('This is an error message')
logger.critical('This is a critical message')
```

▶ 실행 결과

```
2023-08-16 10:37:23,130 - __main__ - DEBUG - This is a debug message
2023-08-16 10:37:23,130 - __main__ - INFO - This is an info message
2023-08-16 10:37:23,130 - __main__ - WARNING - This is a warning message
2023-08-16 10:37:23,130 - __main__ - ERROR - This is an error message
2023-08-16 10:37:23,130 - __main__ - CRITICAL - This is a critical message
```

특별한 설정값이 필요하지 않다면 기본 설정 함수인 `basicConfig`를 사용하면 훨씬 간단히 로깅 설정을 할 수 있습니다. 별도의 객체를 만들지 않고 키워드 파라미터로 원하는 옵션을 넣어주면 됩니다. 출력되는 로그의 결과물은 이전 코드와 같습니다.

▶ 파이썬

```python
import logging

logging.basicConfig(
    filename='example.log',
```

```
    level=logging.DEBUG,
    format='%(asctime)s - %(name)s - %(levelname)s - %(message)s',
)

logger = logging.getLogger(__name__)

logger.debug('This is a debug message')
logger.info('This is an info message')
logger.warning('This is a warning message')
logger.error('This is an error message')
logger.critical('This is a critical message')
```

러스트는 로그 설정이 꽤나 까다롭습니다. 내장 크레이트인 log가 존재하지만, 실제로 로그를 기록하는 내용 없이 인터페이스(파사드façade라고도 합니다)만 정의돼 있어서 로그를 기록하려면 서드 파티 크레이트를 반드시 설치해야만 합니다.

러스트 생태계에는 아직 대표적인 로깅 크레이트가 없어서 보통, 개발자가 원하는 크레이트를 설치해서 사용합니다. 여러 크레이트 중에서도 가장 많이 사용되는 크레이트를 깃허브 스타 순으로 나열해보면 다음과 같습니다.

- tokio-rs/tracing: 4.1k
- slog-rs/slog: 1.4k
- estk/log4rs: 832
- rust-cli/env_logger: 647

크레이트 중에서 가장 인기있는 tracing을 통해 러스트에서의 로깅 사용법을 알아보려고 합니다. 다만 tracing 크레이트는 단순히 로깅만을 지원하는 것이 아닌 애플리케이션의 상태 감시 등의 추가적인 기능을 제공한다는 점을 염두에 둬야 합니다. 정말 단순한 로깅 기능만을 원한다면 다른 크레이트도 검토해보는 것이 좋습니다.

Cargo.toml 파일에 tracing과 tracing-subscriber 두 개를 다음과 같이 추가합니다. 이때 실제 최신 버전은 책과 약간 다를 수 있으니 주의하세요.

▶ 러스트

```
[package]
name = "rust_part"
```

```
version = "0.1.0"
edition = "2021"

# See more keys and their definitions at https://doc.rust-lang.org/cargo/reference/manifest.html

[dependencies]
tracing = "0.1.37"
tracing-subscriber = "0.3.17"
```

다음 명령어로 크레이트를 추가할 수도 있습니다.

▶ 러스트

```
cargo add tracing tracing-subscriber
```

main.rs에 다음 코드를 입력합니다. 가장 먼저 fmt 함수를 통해 로그 레벨을 설정하고, event_format 메서드에서 로그에 출력할 내용을 설정합니다. 여기서는 스레드의 아이디와 이름을 출력하도록 했습니다. 코드를 실행해봅니다.

▶ 러스트

```
use tracing::{debug, error, info, warn};
use tracing_subscriber::fmt;

fn main() {
    fmt()
        .with_max_level(tracing::Level::DEBUG)
        .event_format(fmt::format().with_thread_ids(true).with_thread_names(true))
        .init();

    debug!("This is a debug message");
    info!("This is an info message");
    warn!("This is a warning message");
    error!("This is an error message");
}
```

▶ 실행 결과

```
2023-08-16T08:00:58.710375Z DEBUG main ThreadId(01) rust_part: This is a debug message
2023-08-16T08:00:58.710468Z  INFO main ThreadId(01) rust_part: This is an info message
2023-08-16T08:00:58.710493Z  WARN main ThreadId(01) rust_part: This is a warning message
2023-08-16T08:00:58.710516Z ERROR main ThreadId(01) rust_part: This is an error message
```

로깅이 일어나는 모듈이 바뀌면 출력 결과도 달라집니다. util.rs 파일을 만들고 다음 코드를 추가합니다.

▶ 러스트

```rust
use tracing::{error, warn};

pub fn sqaure(num: i32) -> i32 {
    if num == 0 {
        error!("num is 0!");
        return num;
    } else if num == 1 {
        warn!("num is 1!");
        return num;
    }
    num * num
}
```

main.rs를 다음과 같이 수정하고 실행합니다. util 모듈에서 실행된 로그는 rust_part:util: 처럼 나타나는 것을 알 수 있습니다.

```rust
mod util;

use tracing::{debug, info};
use tracing_subscriber::fmt;

use util::sqaure;

fn main() {
    info!("Starting...");
    fmt()
        .with_max_level(tracing::Level::DEBUG)
        .event_format(fmt::format().with_thread_ids(true).with_thread_names(true))
        .init();

    for i in 0..3 {
        debug!("i = {} and i^2 is {}", i, sqaure(i));
    }
}
```

```
2023-08-16T12:50:41.068772Z ERROR main ThreadId(01) rust_part::util: num is 0!
2023-08-16T12:50:41.068838Z DEBUG main ThreadId(01) rust_part: i = 0 and i^2 is 0
2023-08-16T12:50:41.068853Z  WARN main ThreadId(01) rust_part::util: num is 1!
2023-08-16T12:50:41.068863Z DEBUG main ThreadId(01) rust_part: i = 1 and i^2 is 1
2023-08-16T12:50:41.068872Z DEBUG main ThreadId(01) rust_part: i = 2 and i^2 is 4
```

> **NOTE**
>
> tracing이 아닌 다른 트레이트를 사용하더라도, 로깅 설정을 하는 부분을 제외하고는 대부분 debug!, error!
> 와 같은 매크로를 같은 이름으로 사용합니다.

CHAPTER

11

스마트 포인터

11.1 포인터

포인터는 메모리에 주소를 포함하는 변수의 일반적인 개념입니다. 주소는 다른 데이터를 참조하거나 '가리키고' 있습니다. 포인터가 등장하게 된 이유를 간단히 설명하면 다음과 같습니다. 일반적인 프로그래밍 언어에서 함수에 파라미터를 전달할 때 기존의 값은 변경되지 않고 복사된 값을 함수 내부로 전달하게 됩니다. 이때, 작은 값들, 이를테면 정수 '1'이나 짧은 문자열 'Rust' 같은 경우는 값을 복사해서 함수로 전달해도 상관이 없습니다. 하지만 긴 문자열이나 복잡한 객체 등을 함수로 전달한다면 값을 복사하는 과정에서 시간도 오래 걸리고 추가적인 메모리도 많이 필요하게 됩니다. 따라서 크기가 큰 파라미터는 값을 복사하지 말고, 원본 값의 메모리 주소를 대신 전달해서 사용하게끔 하는 것이 포인터가 하는 일 중 하나입니다. 즉 포인터가 값이 아닌 메모리 주소를 가리킨다고 해서 '포인터pointer'라는 이름이 지어졌습니다.

포인터 사용의 두 가지 장점을 소개했습니다. 큰 객체를 복사하지 않아도 돼 메모리를 효율적으로 사용할 수 있게 한다는 점, 값을 빠르게 참조할 수 있다는 점이었는데요. 하지만 전통적인 프로그래밍, 즉 C/C++에서 포인터는 심각한 잠재적인 문제점이 있습니다. 포인터가 가리키는 값이 메모리에서 제거되더라도 포인터는 그 사실을 모르기 때문에 계속 같은 주소를 가리켜 결국 틀린 값이 되고, 이로 인해 에러가 발생해서 프로그램의 버그가 된다는 것입니다. 다행히도 러스트에서는 이 문제를 해결한 포인터를 사용합니다.

스마트 포인터

러스트에도 일반적인 포인터가 있습니다. 바로 5장에서 배운 레퍼런스입니다. & 기호로 레퍼런스를 표시하는데, 코드 안에서 값을 사용하고자 할 때는 레퍼런스가 가리키는 값을 사용합니다. 레퍼런스는 데이터를 참조하는 것 외에는 특별한 기능이 없고 참조 과정은 매우 빠르게 이뤄집니다.

스마트 포인터는 포인터처럼 작동하지만 추가적인 메타데이터와 기능이 있는 데이터 구조입니다. 스마트 포인터는 C++에서 처음 만들어졌고, 러스트뿐만 아니라 다른 언어에도 존재하는 개념입니다.

8장에서 다뤘던 String과 Vec이 바로 스마트 포인터입니다. String과 Vec은 변수가 생성될 때 메모리가 할당되고 이 메모리 공간을 조작할 수 있어서 스마트 포인터로 간주됩니다. 어떻게 String과 Vec타입이 스마트 포인터가 될 수 있을까요? 러스트에서 스마트 포인터로 작동하려면 Deref와 Drop 트레이트를 구현해야 합니다.

Deref 트레이트

Deref 트레이트는 std::ops::Deref에 정의돼 있는 트레이트로, 레퍼런스 또는 스마트 포인터가 가리키고 있는 값을 써야할 때 사용됩니다. 이때 값을 참조하지 않고 값 원본을 사용한다는 점에 주의해야 합니다.

레퍼런스로 값을 참조하는 것과 원본 값을 사용하는 것의 차이를 나타내면 다음과 같습니다. ❶ x를 참조하는 가변 레퍼런스 y를 만들고 값을 출력해보면 x의 값이 나옵니다. ❷ 여기서 * 연산자를 y에 사용하면 y가 가리키는 x의 값인 'a'를 얻을 수 있고, 이 값을 'b'로 변경합니다. ❸ x의 값이 변경됐기 때문에 마지막에 다시 x를 출력했을 때 x의 값으로 'b'가 나오게 됩니다.

```rust
fn main() {
    let mut x = 'a';
    println!("x was {}", x);
    let y = &mut x; // ❶
    println!("y is {}", y);
    *y = 'b'; // ❷

    println!("but now x is {}", x); // ❸
}
```

```
x was a
y is a
but now x is b
```

> **NOTE**
>
> println! 매크로는 레퍼런스가 입력으로 주어질 때 해당 레퍼런스의 Deref 트레이트를 자동으로 사용해 가리키고 있는 값을 출력해줍니다.

레퍼런스가 가리키는 원래 값을 얻기 위해서 사용한 * 연산자가 호출하는 트레이트가 바로 Deref입니다. 다음 코드에서는 Deref 트레이트를 구현하는 구조체를 하나 만들었습니다. deref 함수에서 * 연산자가 사용됐을 때 리턴할 값을 알려줍니다. 이제 main 함수에서 DerefExample의 인스턴스를 하나 만들고 *을 사용하면 문자열 'a'를 얻을 수 있습니다.

```
use std::ops::Deref;

struct DerefExample<T> {
    _value: T,
}

impl<T> Deref for DerefExample<T> {
    type Target = T;

    fn deref(&self) -> &Self::Target {
        &self._value
    }
}

fn main() {
    let x = DerefExample { _value: 'a' };
    assert_eq!('a', *x);
}
```

Deref 트레이트 덕분에 레퍼런스와 스마트 포인터 모두 * 연산자 하나로 꺼내려는 원래 값을 간단히 얻을 수 있습니다. Deref 트레이트를 사용할 때 반드시 주의해야 할 두 가지가 있습니다.

- Deref는 반드시 스마트 포인터에만 구현해야만 * 연산자의 사용이 헷갈리지 않습니다.
- Deref는 러스트에서 내부적으로 호출하는 트레이트이기 때문에 절대 실패해서는 안 됩니다.

Drop 트레이트

Drop 트레이트는 어떤 값이 범위에서 삭제될 때 러스트가 자동으로 호출하는 트레이트입니다. 일반적으로는 어떤 값이 범위를 벗어나면 러스트의 소유권 모델 덕분에 값이 자동으로 메모리에서 삭제됩니다. 따라서 Drop 트레이트는 다음 두 가지의 특별한 경우에만 구현해야 합니다.

- 값이 메모리에서 삭제될 때 추가 처리가 필요한 경우
- 범위를 벗어나기 전에 강제로 메모리에서 값을 삭제하고 싶은 경우

스마트 포인터의 값은 스택 영역이 아닌 힙 영역에 저장됩니다. 스마트 포인터가 범위를 벗어나면 힙 영역에 할당된 메모리 역시 삭제돼야 하므로 Drop 트레이트에서 해당 내용을 구현해야만 합니다.

첫 번째 경우, 즉 값이 메모리에서 삭제될 때 추가적인 처리가 필요한 경우부터 코드로 살펴보겠습니다. 다음 DropExample 구조체는 값이 삭제될 때 할 행동을 drop 함수에 구현했습니다. drop 함수는 삭제되는 값이 무엇인지를 출력합니다. 가장 먼저 삭제된 1이 출력되고 2가 출력됩니다.

```rust
struct DropExample {
    value: i32,
}

// std::ops::Drop
impl Drop for DropExample {
    fn drop(&mut self) {
        println!("Dropping {}", self.value);
    }
}

fn main() {
    let _x = DropExample { value: 1 };
    {
        let _y = DropExample { value: 2 };
    }
}
```

```
Dropping 2
Dropping 1
```

두 번째 경우, 즉 범위를 벗어나기 전에 강제로 메모리에서 값을 삭제하고 싶은 경우의 코드는 다음과 같습니다. x를 만들고 **drop** 함수로 변수를 삭제합니다. 값이 사라졌기 때문에 그 이후의 코드에서는 x를 사용할 수가 없습니다.

```
fn main() {
    let x = DropExample { value: 1 };
    drop(x);

    let _y = x.value;
}
```

▶ 실행 결과

```
error[E0382]: use of moved value: `x`
  --> src/main.rs:16:14
   |
13 |     let x = DropExample { value: 1 };
   |         - move occurs because `x` has type `DropExample`, which does not implement the
`Copy` trait
14 |     drop(x);
   |          - value moved here
15 |
16 |     let _y = x.value;
   |              ^^^^^^^ value used here after move
```

11.2 Box 타입

러스트에서는 언제 스마트 포인터를 사용할까요? 앞에서 배운 i32, char와 같은 원시 타입은 저장할 수 있는 값의 크기가 정해져 있습니다. 마찬가지로 원시 타입으로 이루어진 구조체 역시 크기가 정해져 있습니다. 그런데 어떤 타입의 크기를 컴파일 타임에 미리 알 수 없다면 어떨까요? 어떤 타입의 크기가 런타임에 정해질 때도 있을까요?

가장 대표적인 경우는 연결 리스트linked list입니다. 연결 리스트란 그림 11-1과 같이 자기 자신의 값 value와 다음 노드의 정보 next를 갖고 있는 자료형입니다. next에 저장된 주소를 사용해 다음 노드로 이동할 수 있고 다음 노드의 값을 얻을 수 있습니다. 다시 다음 노드에서도 next를 사용하면 그다음 노드로 이동이 가능합니다. 이처럼 맨 처음 노드인 head의 주소만 알고 있으면 계속해서 다음 노드들의 정보를 구할 수 있는 형태의 자료형을 **연결 리스트**라고 합니다.

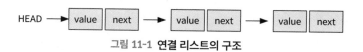

그림 11-1 **연결 리스트의 구조**

연결 리스트를 구조체를 사용해 구현해보겠습니다. 다음과 같이 자기 자신인 Node를 Option으로 감싼 형태를 next 필드의 타입으로 갖는 재귀recursive 형태의 구조체를 정의했습니다. Option은 다음 노드가 없을 때를 None으로 표현하기 위해 사용합니다. main 함수에서 가장 앞의 노드인 head를 만들고, head.next를 다른 노드로 할당했습니다.

하지만 코드를 실행하면 컴파일이 되지 않습니다.

```
struct Node {
    value: i32,
    next: Option<Node>,
}

fn main() {
    let mut head = Node {
        value: 1,
        next: None,
    };
    head.next = Some(Node {
        value: 2,
        next: None,
    });
    println!("{}", head.value);
}
```

▶ 실행 결과

```
error[E0072]: recursive type `Node` has infinite size
 --> src/main.rs:1:1
  |
```

```
1 | struct Node {
  | ^^^^^^^^^^^
2 |     value: i32,
3 |     next: Option<Node>,
  |                   ---- recursive without indirection
  |
help: insert some indirection (e.g., a `Box`, `Rc`, or `&`) to break the cycle
  |
3 |     next: Option<Box<Node>>,
  |                  ++++     +
```

에러를 확인하니 Node 타입이 무한한infinite 크기를 갖고 있다고 합니다. 컴파일러는 Box로 Node를 감싸라고 조언하고 있습니다. next를 Option<Box<Node>>로 만들고, head.next에 넣은 다음 노드 역시 Box::new를 사용한 후 실행해보겠습니다.

```rust
struct Node {
    value: i32,
    next: Option<Box<Node>>,
}

fn main() {
    let mut head = Node {
        value: 1,
        next: None,
    };
    head.next = Some(Box::new(Node {
        value: 2,
        next: None,
    }));
    println!("{}", head.value);
}
```

▶ 실행 결과

```
1
```

문제없이 컴파일됩니다. 이 예제에서 중요한 점은 Node 타입의 객체는 그 크기를 컴파일 타임에 미리 알 수 없다는 점입니다. 따라서 런타임에 가변적인 크기를 가질 수 있는 Box 타입으로 Node를 감싸면 문제를 해결할 수 있습니다.

Box<T>

예제에서 컴파일러가 Box를 사용하라고 한 이유는 무엇일까요? Box를 사용하면 데이터를 메모리의 스택 영역이 아닌 힙 영역에 저장할 수 있기 때문입니다. 함수가 호출될 때 스택에 저장되는 것은 힙 데이터에 대한 포인터입니다. 따라서 Box 타입을 사용하는 것은 바로 스마트 포인터를 사용하는 것입니다. 힙 영역은 컴파일 타임에 크기가 정해지는 스택 영역과 달리 런타임에 메모리를 할당할 수 있는 공간입니다. 컴파일 타임에 크기를 알 수 없는 Node 타입의 데이터를 Box를 사용해서 힙 영역에 저장하는 것입니다.

Box 사용하기

다음은 Box를 사용해 i32 타입의 값을 힙에 저장하는 방법을 보여주는 예제입니다.

```
fn main() {
    let my_box = Box::new(5);
    println!("my_box = {}", my_box);

    let num = *my_box;
    assert_eq!(num, 5);
}
```

Box::new(5)는 힙 영역에 5라는 값을 저장하라는 뜻입니다. 변수 my_box에 Box를 할당하면 이제 my_box 변수는 힙에 저장된 값 5를 가리키게 됩니다. 코드를 실행하면 my_box = 5가 출력됩니다. my_box가 실제로는 5를 가리키고 있는 스마트 포인터이기 때문에 * 연산자를 사용해 실제 값을 꺼내올 수 있습니다.

스마트 포인터에도 다른 러스트 변수와 마찬가지로 소유권 규칙이 적용됩니다. Box가 범위를 벗어나면 main의 끝에서 my_box가 그러하듯이, Box는 할당 해제됩니다. 할당 해제는 스택에 저장돼 힙 영역을 가리키는 Box 자체와 힙 영역의 데이터 모두에 발생합니다.

Box는 주로 다음과 같은 상황에 사용됩니다.

- 컴파일 타임에 크기를 알 수 없는 타입을 사용하는 경우
- 특정 타입이 아닌, 특정 트레이트를 구현하는 타입의 변수의 소유권을 가져오고 싶은 경우

첫 번째 상황은 위에서 이미 살펴본 Node의 경우입니다. 두 번째 경우를 살펴보겠습니다.

dyn과 Box로 트레이트 타입 표현하기

코드를 살펴보기 전에 rand 크레이트를 추가로 설치해야 합니다.

```
cargo add rand
```

다음 코드를 살펴보겠습니다. 여기서는 Dog와 Cat이라는 두 개의 구조체와 Animal 트레이트를 만들고 각 구조체에 Animal이라는 트레이트를 구현했습니다. Dog에서는 "🐶멍멍!"을, Cat에서는 "🐱야옹!"을 리턴하고 있습니다. random_animal 함수는 0부터 1까지의 무작위 실숫값을 만들어내는 rand::random::<f64>를 호출해 그 값이 0.5보다 작으면 Dog를, 0.5 이상이라면 Cat을 리턴합니다. 함수의 리턴 타입이 impl Animal인 것에 주목합니다. main 함수에서는 random_animal로 리턴된 Dog나 Cat 인스턴스의 noise 메서드를 호출합니다. 하지만 코드를 실행하면 컴파일되지 않습니다.

```rust
struct Dog {}
struct Cat {}

trait Animal {
    fn noise(&self) -> &'static str;
}

impl Animal for Dog {
    fn noise(&self) -> &'static str {
        "🐶멍멍!"
    }
}

impl Animal for Cat {
    fn noise(&self) -> &'static str {
        "🐱야옹!"
    }
}

fn random_animal() -> impl Animal {
    if rand::random::<f64>() < 0.5 {
        Dog {}
    } else {
        Cat {}
    }
}

fn main() {
    for _ in 0..10 {
```

```
        println!("{}", random_animal().noise());
    }
}
```

▶ 실행 결과

```
error[E0308]: `if` and `else` have incompatible types
  --> src/main.rs:24:9
   |
21 | /       if rand::random::<f64>() < 0.5 {
22 | |           Dog {}
   | |           ------ expected because of this
23 | |       } else {
24 | |           Cat {}
   | |           ^^^^^^ expected struct `Dog`, found struct `Cat`
25 | |       }
   | |_____- `if` and `else` have incompatible types
   |
help: you could change the return type to be a boxed trait object
   |
20 | fn random_animal() -> Box<dyn Animal> {
   |                       ~~~~~~~         +
help: if you change the return type to expect trait objects, box the returned expressions
   |
22 ~           Box::new(Dog {})
23 |       } else {
24 ~           Box::new(Cat {})
   |
```

컴파일러는 random_animal 함수의 리턴 타입을 Box와 dyn을 사용해 감싸라고 조언하고 있습니다.
이대로 다음과 같이 수정한 다음 실행해보겠습니다.

```
struct Dog {}
struct Cat {}

trait Animal {
    fn noise(&self) -> &'static str;
}

impl Animal for Dog {
    fn noise(&self) -> &'static str {
        "🐕멍멍!"
    }
}
```

```
impl Animal for Cat {
    fn noise(&self) -> &'static str {
        "🐱야옹!"
    }
}

fn random_animal() -> Box<dyn Animal> {
    if rand::random::<f64>() < 0.5 {
        Box::new(Dog {})
    } else {
        Box::new(Cat {})
    }
}

fn main() {
    for _ in 0..10 {
        println!("{}", random_animal().noise());
    }
}
```

▶ **실행 결과**

```
🐱야옹!
🐶멍멍!
🐶멍멍!
🐶멍멍!
🐱야옹!
🐱야옹!
🐶멍멍!
🐶멍멍!
🐶멍멍!
🐶멍멍!
```

무작위 동물이 선택되고 그에 따른 noise 함수 역시 다르게 호출되는 것을 알 수 있습니다. 함수의 입력 타입으로 impl Trait와 같이 제네릭을 사용할 수 있었습니다. 하지만 함수에서 impl Trait를 리턴하고자 할 때는 컴파일러가 리턴 타입의 크기를 미리 알 수 없습니다. 따라서 Box와 dyn 키워드로 리턴 타입에 서로 다른 타입을 사용할 수 있게 하는 것입니다.

함수의 입력으로는 impl Trait이 가능하지만 리턴 타입으로는 불가능한지 그 이유는 컴파일 과정을 생각해보면 간단합니다. 러스트에서 impl Trait을 사용하면 실제로 입력된 타입에 대해서 함수를 별도로 생성합니다.

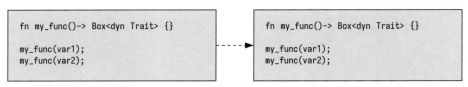

```
fn my_func(var: impl Trait) {}

my_func(var1);
my_func(var2);
```

```
fn my_func(var: impl Trait) {}

my_func_var1(var1);
my_func_var2(var2);
```

그림 11-2 impl Trait 함수 생성 과정

하지만 함수의 실행 결과는 컴파일 타임에 미리 알 수 없기 때문에 Box<dyn Trait>을 사용하는 것입니다. 이때는 단 하나의 함수만 생성됩니다.

```
fn my_func()-> Box<dyn Trait> {}

my_func(var1);
my_func(var2);
```

```
fn my_func()-> Box<dyn Trait> {}

my_func(var1);
my_func(var2);
```

그림 11-3 Box<dyn> 함수 생성 과정

11.3 Rc<T>

대부분의 상황에서는 어떤 값에 대한 소유권이 어떤 변수에 있는지를 정확하게 알 수 있습니다. 러스트의 소유권 규칙은 하나의 값에 단 하나의 소유자를 보장합니다. 그런데 하나의 값에 여러 개의 소유자를 갖고자 한다면 어떻게 해야 할까요? 이때 쓸 수 있는 자료형이 바로 Rc<T>입니다. 레퍼런스 카운팅reference counting의 영문 글자를 따서 만든 이름으로, Rc<T> 역시 스마트 포인터입니다.

마지막 순간까지

데이터가 어디서 마지막으로 사용되는지 알 수 있을 때는 일반적인 소유권 규칙이 적용됩니다. 프로그램의 여러 부분이 읽을 수 있는 데이터를 만들고 싶지만, 컴파일 타임에는 데이터가 마지막으로 사용되는 지점을 알 수 없을 때 Rc<T> 타입을 사용합니다.

일반적인 레퍼런스와 Rc<T>가 다른 점은 여기에 있습니다. 레퍼런스는 값이 범위에서 삭제되면 더는 사용할 수 없지만, Rc는 값이 선언된 곳의 범위와 상관없이 해당 값이 참조된 횟수를 내부적으로 계산합니다. 값을 더 이상 참조하고 있지 않다면 값을 메모리에서 삭제합니다.

다음 예제를 통해 Rc가 값의 소유권을 갖고 있는 변수가 몇 개인지를 추적하는 방법을 확인할 수 있습니다. 여기서 clone을 사용하면, 실제로 값이 복사되는 것이 아니라 Rc의 레퍼런스 카운트가 1 증가합니다.

```rust
use std::rc::Rc;

fn main() {
    let origin = Rc::new(0);
    println!("Reference count: {}", Rc::strong_count(&origin));
    {
        let _dup1 = Rc::clone(&origin);
        println!("Reference count: {}", Rc::strong_count(&origin));
        {
            let _dup2 = &origin.clone();
            println!("Reference count: {}", Rc::strong_count(&origin));
        }
        println!("Reference count: {}", Rc::strong_count(&origin));
    }
    println!("Reference count: {}", Rc::strong_count(&origin));
    // origin drops here
}
```

▶ 실행 결과

```
Reference count: 1
Reference count: 2
Reference count: 3
Reference count: 2
Reference count: 1
```

다음 예제를 살펴봅니다. 범위 안에서 만들어진 origin은 범위를 벗어나면 값이 삭제됩니다. 따라서 이에 대한 레퍼런스를 cloned에 저장하면 cloned가 가리키는 값은 범위 밖에서는 사용할 수 없게 되고, 따라서 이는 값이 대여된 상태로 삭제되는 경우여서 소유권 규칙에 위배됩니다.

```rust
fn main() {
    let cloned;
    {
        let origin = "Rust".to_string();
        cloned = &origin; // 😺
    }
    println!("{}", cloned);
}
```

```
error[E0597]: `origin` does not live long enough
 --> src/main.rs:5:18
  |
5 |         cloned = &origin; // ☠
  |                  ^^^^^^^ borrowed value does not live long enough
6 |     }
  |     - `origin` dropped here while still borrowed
7 |     println!("{}", cloned);
  |                    ------ borrow later used here
```

이때, Rc를 사용하면 원래 값이 범위를 벗어나더라도 값을 참조하고 있는 Rc가 존재하므로 여전히 값을 사용할 수 있습니다. 다음 코드에서는 새로운 범위 안에서 Rc를 만들었습니다. 이때 레퍼런스 카운트가 1이 되고, clone을 호출해서 카운트는 2가 됩니다. 범위를 벗어나면 origin이 삭제되므로 카운트가 1이 됩니다. 마지막으로 main 함수가 종료되면서 Rc와 내부의 값이 삭제됩니다.

```rust
use std::rc::Rc;

fn main() {
    let cloned;
    {
        let origin = Rc::new(1);
        cloned = origin.clone();
    }
    println!("{}", cloned);
}
```

▶ 실행 결과

```
1
```

> **NOTE**
> Rc<T>는 멀티스레드 환경에서는 작동하지 않습니다. 멀티스레드 환경에서는 Arc<T>를 사용해야 하며, 자세한 내용은 나중에 다루겠습니다.

퀴즈

다음 코드가 컴파일되도록 코드를 수정해봅니다.

```rust
struct Node {
    value: i32,
    next: Option<Box<Node>>,
}

fn main() {
    let mut head1 = Node {
        value: 1,
        next: None,
    };
    let node1 = Node {
        value: 2,
        next: None,
    };
    head1.next = Some(Box::new(node1));

    let mut head2 = Node {
        value: 3,
        next: None,
    };
    head2.next = Some(Box::new(node1)); // 🙂

    println!("{} {}", head1.value, head1.next.unwrap().value);
    println!("{} {}", head2.value, head2.next.unwrap().value);
}
```

▶ 정답

```rust
use std::rc::Rc;

struct Node {
    value: i32,
    next: Option<Rc<Node>>,
}

fn main() {
    let mut head1 = Node {
        value: 1,
        next: None,
    };
    let node1 = Rc::new(Node {
        value: 2,
```

```
        next: None,
    });
    head1.next = Some(Rc::clone(&node1));

    let mut head2 = Node {
        value: 3,
        next: None,
    };
    head2.next = Some(Rc::clone(&node1));

    println!("{} {}", head1.value, head1.next.unwrap().value);
    println!("{} {}", head2.value, head2.next.unwrap().value);
}
```

11.4 RefCell\<T\>

Rc\<T\>의 한계

Rc를 사용하면 프로그램의 여러 부분에서 데이터를 공유할 수 있습니다. 하지만 Rc는 공유받은 값을 변경하는 것은 불가능합니다. 다음 예시를 살펴봅시다. 도구의 주인을 나타내는 구조체 Owner 와 도구를 나타내는 Tool 구조체를 정의했습니다. 이때 Owner.tools는 Tool의 벡터이고, Tool. owner는 Rc로 감싸진 Owner입니다. 즉 두 구조체는 서로를 상호적으로 사용하거나 참조하고 있는 형태입니다.

도구를 갖고 있지 않은 소유자를 만들고 도구 piler와 wrench를 선언합니다. 그다음 into.tools 에 값을 넣으려고 하면 에러가 발생합니다.

```
use std::rc::Rc;

struct Owner {
    name: String,
    tools: Vec<Tool>,
}

struct Tool {
    name: String,
    owner: Rc<Owner>,
}

pub fn main() {
```

```
    let indo = Rc::new(Owner {
        name: "indo".to_string(),
        tools: vec![],
    });

    let plier = Tool {
        name: "plier".to_string(),
        owner: indo.clone(),
    };
    let wrench = Tool {
        name: "wrench".to_string(),
        owner: indo.clone(),
    };

    indo.tools.push(plier);
    indo.tools.push(wrench);

    for tool in indo.tools.iter() {
        println!("{} is owned by {}", tool.name, tool.owner.name);
    }
}
```

▶ 실행 결과

```
error[E0596]: cannot borrow data in an `Rc` as mutable
  --> src/main.rs:29:5
   |
29 |     indo.tools.push(plier);
   |     ^^^^^^^^^^^^^^^^^^^^^^^ cannot borrow as mutable
   |
   = help: trait `DerefMut` is required to modify through a dereference, but it is not
implemented for `Rc<Owner>`
error[E0596]: cannot borrow data in an `Rc` as mutable
  --> src/main.rs:30:5
   |
30 |     indo.tools.push(wrench);
   |     ^^^^^^^^^^^^^^^^^^^^^^^^ cannot borrow as mutable
   |
   = help: trait `DerefMut` is required to modify through a dereference, but it is not
implemented for `Rc<Owner>`
```

에러가 발생한 이유가 indo 자체가 불변이기 때문이 아니라는 점에 주의해야 합니다. Rc로 감싸진
Owner의 tools가 불변이어서 에러가 발생했습니다. 여기서는 tools를 RefCell로 감싸줘야 합니다.

RefCell은 Rc와 비슷하게 어떤 값을 힙 영역에 저장하지만, 내부 값을 변경할 수 있다는 점이 다릅니다. 값을 변경하고 싶을 때는 소유권을 borrow_mut 메서드로 빌릴 수 있습니다. 일반적인 불변 소유권을 빌리려면 borrow 메서드를 사용합니다.

다음 코드에서 tools를 RefCell로 감싸고 tools에 값을 추가할 때 borrow_mut을 사용했습니다. 마지막에 tools를 반복할 때는 값을 바꿀 필요가 없어서 borrow로 소유권만 대여합니다.

```rust
use std::{cell::RefCell, rc::Rc};

struct Owner {
    name: String,
    tools: RefCell<Vec<Tool>>,
}

struct Tool {
    name: String,
    owner: Rc<Owner>,
}

pub fn main() {
    let indo = Rc::new(Owner {
        name: "indo".to_string(),
        tools: RefCell::new(vec![]),
    });

    let plier = Tool {
        name: "plier".to_string(),
        owner: indo.clone(),
    };

    let wrench = Tool {
        name: "wrench".to_string(),
        owner: indo.clone(),
    };

    indo.tools.borrow_mut().push(plier);
    indo.tools.borrow_mut().push(wrench);

    for tool in indo.tools.borrow().iter() {
        println!("{} is owned by {}", tool.name, tool.owner.name);
    }
}
```

```
plier is owned by indo
wrench is owned by indo
```

내부 가변성

앞의 예제에서 indo가 불변이라는 점이 매우 특이합니다. 구조체가 불변인데도 내부 필드인 tools를 바꿀 수 있었습니다. RefCell 덕분에 변경이 가능한데, tools 자체는 불변인 indo의 필드여서 마찬가지로 불변이지만, RefCell 내부의 벡터는 가변으로 사용할 수 있습니다. 이런 특성을 **내부 가변성**interior mutability이라고 합니다. 즉 RefCell 자체는 불변이나 내부의 값은 가변이라는 의미입니다.

하지만 여전히 소유권 규칙은 일반적인 경우와 똑같이 적용됩니다. 불변 소유권은 여러 번 빌려도 되지만, 가변 소유권은 단 한 번만 빌릴 수 있습니다. 가변 소유권을 빌린 후에는 불변 소유권을 추가로 빌릴 수 없습니다. 이 부분은 RefCell의 소유권이 런타임에 확인되므로 특히 주의를 기울여야 합니다. 다음 코드는 컴파일이 되지만 실행해보면 런타임 에러가 발생합니다.

```rust
use std::{cell::RefCell, rc::Rc};

struct Owner {
    name: String,
    tools: RefCell<Vec<Tool>>,
}

struct Tool {
    name: String,
    owner: Rc<Owner>,
}

pub fn main() {
    let indo = Rc::new(Owner {
        name: "indo".to_string(),
        tools: RefCell::new(vec![]),
    });

    let plier = Tool {
        name: "plier".to_string(),
        owner: indo.clone(),
    };
```

```
        let wrench = Tool {
            name: "wrench".to_string(),
            owner: indo.clone(),
        };
        let mut tools1 = indo.tools.borrow_mut();
        tools1.push(plier);
        let mut tools2 = indo.tools.borrow_mut();
        tools2.push(wrench);

        for tool in indo.tools.borrow().iter() {
            println!("{} is owned by {}", tool.name, tool.owner.name);
        }
    }
```

▶ 실행 결과

```
thread 'main' panicked at 'already borrowed: BorrowMutError', src/main.rs:31:33
```

Rc<RefCell<T>>

RefCell을 사용할 때 알아두면 좋은 패턴이 한 가지 있습니다. 패턴의 유용성을 설명하기 전에, 불편한 점을 먼저 알아봅니다. 다음 코드는 Person 구조체로의 인스턴스를 만들고 RefCell 안에 집어넣었습니다. people 벡터 안에 alice를 넣으면 소유권이 이전됩니다. 그리고 people의 원소를 반복하면서 borrow_mut를 사용하면 RefCell 안의 구조체에 접근이 가능해져 age를 1 증가시킬 수 있게 됩니다. 여기까지는 문제가 없는데, 벡터로 소유권이 이동한 alice의 소유권을 다시 대여하려고 하면 문제가 발생합니다.

```
use std::cell::RefCell;

struct Person {
    name: String,
    age: u8,
}

fn main() {
    let alice = RefCell::new(Person {
        name: "Alice".to_string(),
        age: 30,
    });
```

```
    let people = vec![alice];

    for person in people {
        person.borrow_mut().age += 1;
    }

    println!("Alice is now {} years old", alice.borrow().age); // 💀
}
```

```
error[E0382]: borrow of moved value: `alice`
 --> src/main.rs:21:43
   |
10 |     let alice = RefCell::new(Person {
   |         ----- move occurs because `alice` has type `RefCell<Person>`, which does not
implement the `Copy` trait
...
15 |     let people = vec![alice];
   |                       ----- value moved here
...
21 |     println!("Alice is now {} years old", alice.borrow().age);
   |                                           ^^^^^^^^^^^^^^^^ value borrowed here after move
```

Rc나 RefCell은 프로그램의 여러 부분에서 해당 값에 자유롭게 접근하고자 사용했는데 소유권이 이동해서 그렇지 못하게 됐습니다. 이때 RefCell을 Rc와 함께 사용하는 방법이 유용합니다. Rc를 사용하면 데이터의 불변 소유권을 여러 곳에서 가질 수 있습니다. Rc의 데이터가 RefCell이어서 RefCell의 내부 가변성을 사용해 실제로 원하는 값을 바꿀 수 있게 됩니다. 다음 코드에서는 alice를 Rc<RefCell<Person>>으로 선언했습니다.

```
use std::cell::RefCell;
use std::rc::Rc;

struct Person {
    name: String,
    age: u8,
}

fn main() {
    let alice = Rc::new(RefCell::new(Person {
        name: "Alice".to_string(),
        age: 30,
```

```
    }));

    let people = vec![alice.clone()];

    for person in people {
        person.borrow_mut().age += 1;
    }

    println!("Alice is now {} years old", alice.borrow().age);
}
```

▶ 실행 결과

```
Alice is now 31 years old
```

11.5 스마트 포인터 정리

11장에서 배운 스마트 포인터를 정리해보면 다음과 같습니다.

표 11-1 스마트 포인터

	Box\<T\>	Rc\<T\>	RefCell\<T\>
소유권	한 개	한 개를 공유	한 개를 공유
소유권 확인 시점	불변/가변 소유권을 컴파일 타임에 확인	불변 소유권을 컴파일 타임에 확인	불변/가변 소유권을 런타임에 확인
특징	스코프를 벗어나면 레퍼런스도 모두 삭제	레퍼런스가 존재한다면 스코프를 벗어나도 값이 유지됨	RefCell\<T\>가 불변이어도 내부의 값은 가변으로 사용 가능

NOTE

Rc와 마찬가지로, RefCell은 멀티스레드 환경에서는 작동하지 않는다는 점에 주의하세요! Mutex는 스레드에 안전한 RefCell\<T\>의 버전이며, Mutex\<T\>는 나중에 설명하겠습니다.

다음 코드가 컴파일되도록 Wrapper 타입과 wrap 함수를 완성합니다.

```rust
use std::fmt::Display;
use std::vec::Vec;

type Wrapper<T> = 🔥;

fn wrap<T>(data: T) -> Wrapper<T> {
    🔥
}

#[derive(Debug)]
struct Node<T> {
    data: T,
    children: Vec<Node<T>>,
}

impl<T: Display> Node<T> {
    fn new(data: T) -> Node<T> {
        Node {
            data,
            children: Vec::new(),
        }
    }

    fn depth_first(&self) {
        println!("{}", self.data);
        for child in self.children.iter() {
            child.depth_first();
        }
    }
}

fn main() {
    let mut a = Node::new('A');
    let mut b = Node::new('B');
    let c = Node::new('C');
    let d = Node::new('D');

    b.children.push(d);
    a.children.push(b);
    a.children.push(c);

    a.depth_first();
```

```
    }
    fn add_child(&mut self, child: Wrapper<Node<T>>) {
        self.children.push(child);
    }
}

fn main() {
    let a = wrap(Node::new('A'));
    let b = wrap(Node::new('B'));
    let c = wrap(Node::new('C'));
    let d = wrap(Node::new('D'));

    a.borrow_mut().add_child(Rc::clone(&b));
    a.borrow_mut().add_child(Rc::clone(&c));
    b.borrow_mut().add_child(Rc::clone(&d));
    a.borrow_mut().depth_first();
}
```

12

멀티스레딩

컴퓨터의 CPU는 작업을 받아서 처리하는 역할을 하는 코어로 구성돼 있습니다. 예전의 CPU는 코어가 단 하나뿐이어서 딱 하나의 작업만 수행할 수 있었습니다. 하지만 컴퓨터 기술이 발전하면서 한 프로그램이 실행 중이더라도 다른 프로그램을 동시에 실행할 필요가 생겼습니다. 동시에 하나의 작업만 실행할 수 있다면, 컴퓨터에서 인터넷 브라우저를 실행하는 순간 화면은 멈추고 브라우저가 실행될 때까지 기다려야 할 것입니다. 실제로 현대 컴퓨터에서는 브라우저를 실행하는 사이에 화면을 업데이트해서 다른 프로그램이 실행될 수 있도록 합니다.

프로그램은 컴퓨터에서 프로세스process 형태로 실행되는데, 하나의 코어에서 여러 프로그램을 번갈아가면서 실행합니다. 그런데 프로세스는 서로 격리돼 있어서 프로세스끼리 통신하기 어렵습니다. 때로는 한 프로그램에서 여러 가지 작업을 동시에 진행하면서 각 작업의 진행 현황을 서로 공유해야 할 필요가 있습니다. 이때 프로세스에서는 스레드thread라고 하는 좀 더 작은 단위의 작업을 만들고 CPU는 스레드를 번갈아가면서 실행합니다. 한 프로세스에 속한 스레드들은 서로가 격리돼 있지 않아서 메모리를 서로 공유하며 통신하는 것도 가능합니다.

하나의 프로세서에서 여러 개의 스레드를 만들어 작업하는 것을 **멀티스레딩**multithreading이라고 합니다. 각 스레드는 병렬적parallel이 아닌, 번갈아가면서 실행되기 때문에 동시적concurrently으로 실행된다고 말합니다. 정리하면, 스레드는 하나의 프로그램에서 여러 작업을 빠르게 번갈아가면서 수행하기 위한 장치입니다. 12장에서는 러스트 프로그램에서 스레드가 만들어지는 방법과 여러 개의 스레드가 안전하게 메모리를 공유하는 방법을 알아봅니다.

12.1 스레드 스폰

싱글 스레드 스폰하기

모든 프로그램은 메인 스레드로부터 시작합니다. 지금까지 했던 것처럼 별도의 스레드를 만들지 않고 코드를 실행하면 메인 스레드에서 코드가 실행된다고 생각하면 됩니다. 메인 스레드에 추가적으로 스레드를 만드는 것을 스레드를 스폰spawn한다고 말합니다. 파이썬에서 스레드 한 개를 스폰하는 방법은 다음과 같습니다.

Thread 클래스를 통해 새로운 스레드를 생성합니다. target 파라미터에 스레드에서 실행할 함수를 지정해주면 됩니다. 그리고 start()를 하면 스레드에서 작업이 시작되고, 그 사이에 원래 코드인 메인 스레드에서도 작업을 수행합니다.

▶ 파이썬

```python
from threading import Thread

from time import sleep


def func1():
    for i in range(0, 10):
        print(f"Hello, can you hear me?: {i}")
        sleep(0.001)


thread = Thread(target=func1)
thread.start()

for i in range(0, 5):
    print(f"Hello from the main thread: {i}")
    sleep(0.001)
```

▶ 실행 결과

```
Hello, can you hear me?: 0
Hello from the main thread: 0
Hello, can you hear me?: 1
Hello from the main thread: 1
Hello, can you hear me?: 2
Hello from the main thread: 2
Hello, can you hear me?: 3
```

```
Hello from the main thread: 3
Hello, can you hear me?: 4
Hello from the main thread: 4
Hello, can you hear me?: 5
Hello, can you hear me?: 6
Hello, can you hear me?: 7
Hello, can you hear me?: 8
Hello, can you hear me?: 9
```

메인 스레드와 생성된 스레드가 작업을 번갈아 수행하는 것을 알 수 있습니다.

러스트에서는 새로운 스레드를 만들 때 표준 라이브러리의 std::thread::spawn 함수를 사용합니다. spawn 함수는 스레드에서 실행시킬 함수를 인수로 받습니다. 전달받은 함수가 종료되면 스레드도 종료됩니다. 다음 코드에서는 thread::spawn을 사용해 스레드를 생성하고, thread::sleep을 사용해 1ms만큼 쉬었다가 다음 루프를 실행합니다. handle에 관해서는 다음 절에서 설명하겠습니다. 파이썬과 마찬가지로, 메인 스레드와 생성된 스레드가 번갈아 실행됩니다.

▶ 러스트

```rust
use std::thread;
use std::time::Duration;

fn main() {
    let handle = thread::spawn(|| {
        for i in 0..10 {
            println!("Hello, can you hear me?: {}", i);
            thread::sleep(Duration::from_millis(1));
        }
    });

    for i in 0..5 {
        println!("Hello from the main thread: {}", i);
        thread::sleep(Duration::from_millis(1));
    }

    handle.join().unwrap();
}
```

▶ 실행 결과

```
Hello from the main thread: 0
Hello, can you hear me?: 0
```

```
Hello from the main thread: 1
Hello, can you hear me?: 1
Hello from the main thread: 2
Hello, can you hear me?: 2
Hello, can you hear me?: 3
Hello from the main thread: 3
Hello, can you hear me?: 4
Hello from the main thread: 4
Hello, can you hear me?: 5
Hello, can you hear me?: 6
Hello, can you hear me?: 7
Hello, can you hear me?: 8
Hello, can you hear me?: 9
```

메인 스레드에서 작업이 끝나더라도, 스폰된 스레드의 작업이 끝나지 않으면 프로그램이 종료되지 않는다는 점이 중요합니다. 메인 스레드와 스폰된 스레드의 작업이 독립적으로 수행될 때가 많습니다. 반드시 모든 스레드의 작업이 끝나야만 프로그램이 종료되는 것은 아닙니다.

데몬 스레드 만들기

스레드를 **데몬**daemon **스레드**로 스폰할 수도 있습니다. 프로그래밍에서 메인 프로그램 뒤에서 조용히 돌아가는 작업을 데몬이라고 합니다. 데몬 스레드는 메인 스레드와는 별개로 백그라운드에서 실행되며, 메인 스레드가 종료되면 데몬 스레드의 작업이 끝나지 않았더라도 즉시 종료되는 스레드입니다.

파이썬에서는 스레드를 만들 때 daemon=True 옵션을 주면 됩니다. 이전 예제와는 다르게 스폰된 스레드의 작업이 끝나기 전에 메인 스레드의 작업이 끝나고 즉시 프로그램이 종료되는 것을 볼 수 있습니다.

▶ **파이썬**

```python
from threading import Thread

from time import sleep


def func1():
    for i in range(0, 10):
        print(f"Hello, can you hear me?: {i}")
        sleep(0.001)
```

```
thread = Thread(target=func1, daemon=True)
thread.start()

for i in range(0, 5):
    print(f"Hello from the main thread: {i}")
    sleep(0.001)
```

▶ **실행 결과**

```
Hello, can you hear me?: 0
Hello from the main thread: 0
Hello, can you hear me?: 1
Hello from the main thread: 1
Hello from the main thread: 2
Hello, can you hear me?: 2
Hello, can you hear me?: 3
Hello from the main thread: 3
Hello from the main thread: 4
Hello, can you hear me?: 4
```

러스트에서 스레드를 만들 때 사용되는 thread::spawn은 JoinHandle을 리턴합니다. JoinHandle 은 스레드가 종료될 때까지 기다리는 join 메서드를 갖고 있습니다. 이전 러스트 코드에서 join을 사용해서 스폰된 스레드의 작업이 끝날 때까지 기다렸던 것입니다. join을 호출하지 않으면, 스폰 된 스레드가 실행 중이더라도 메인 스레드가 끝남과 동시에 프로그램이 종료되도록 데몬 스레드 를 만들 수 있습니다.

▶ **러스트**

```
use std::thread;
use std::time::Duration;

fn main() {
    thread::spawn(|| {
        for i in 0..10 {
            println!("Hello, can you hear me?: {}", i);
            thread::sleep(Duration::from_millis(1));
        }
    });

    for i in 0..5 {
```

```
            println!("Hello from the main thread: {}", i);
            thread::sleep(Duration::from_millis(1));
        }
    }
```

실행 결과

```
Hello from the main thread: 0
Hello, can you hear me?: 0
Hello from the main thread: 1
Hello, can you hear me?: 1
Hello from the main thread: 2
Hello, can you hear me?: 2
Hello from the main thread: 3
Hello, can you hear me?: 3
Hello from the main thread: 4
Hello, can you hear me?: 4
Hello, can you hear me?: 5
```

join 함수를 사용해 스레드 기다리기

파이썬에서도 **join 함수**를 사용해 스폰된 스레드의 작업이 끝날 때까지 기다릴 수 있습니다. 스폰된 스레드의 작업이 모두 끝난 다음에 메인 스레드의 작업이 실행됩니다.

▶ 파이썬

```python
from threading import Thread

from time import sleep


def func1():
    for i in range(0, 10):
        print(f"Hello, can you hear me?: {i}")
        sleep(0.001)


thread = Thread(target=func1)
thread.start()
thread.join()

for i in range(0, 5):
    print(f"Hello from the main thread: {i}")
    sleep(0.001)
```

```
Hello, can you hear me?: 0
Hello, can you hear me?: 1
Hello, can you hear me?: 2
Hello, can you hear me?: 3
Hello, can you hear me?: 4
Hello, can you hear me?: 5
Hello, can you hear me?: 6
Hello, can you hear me?: 7
Hello, can you hear me?: 8
Hello, can you hear me?: 9
Hello from the main thread: 0
Hello from the main thread: 1
Hello from the main thread: 2
Hello from the main thread: 3
Hello from the main thread: 4
```

러스트에서도 join 함수를 사용하면 스폰된 스레드가 끝까지 실행되기를 기다렸다가 메인 스레드를 실행할 수 있습니다.

▶ 러스트

```rust
use std::thread;
use std::time::Duration;

fn main() {
    let handle = thread::spawn(|| {
        for i in 0..10 {
            println!("Hello, can you hear me?: {}", i);
            thread::sleep(Duration::from_millis(1));
        }
    });
    handle.join().unwrap();

    for i in 0..5 {
        println!("Hello from the main thread: {}", i);
        thread::sleep(Duration::from_millis(1));
    }
}
```

```
Hello, can you hear me?: 0
Hello, can you hear me?: 1
Hello, can you hear me?: 2
Hello, can you hear me?: 3
Hello, can you hear me?: 4
Hello, can you hear me?: 5
Hello, can you hear me?: 6
Hello, can you hear me?: 7
Hello, can you hear me?: 8
Hello, can you hear me?: 9
Hello from the main thread: 0
Hello from the main thread: 1
Hello from the main thread: 2
Hello from the main thread: 3
Hello from the main thread: 4
```

12.2 GIL

지금까지 스레드를 만들고 실행하는 방법을 살펴봤는데, 파이썬에서 스레드를 사용할 때 **GIL**global interpreter lock을 꼭 염두에 둬야 합니다. GIL은 한 번에 하나의 스레드만 파이썬 코드를 실행하도록 하기 위해 인터프리터에서 사용되는 메커니즘입니다. GIL이라는 이름에서 알 수 있듯이 인터프리터가 코드를 실행하려면 반드시 이 락lock을 획득해야 합니다.

그림 12-1 GIL 작동 원리

락이란 자물쇠라는 뜻입니다. 다음과 같은 예시를 생각해봅니다. 화장실을 가고 싶으면 화장실이 열려있는지 확인하고 문을 잠급니다. 문을 잠근 상황에서 다른 사람은 화장실을 쓸 수 없습니다. 화장실을 쓴 후에는 다시 문을 열고 나가게 됩니다. 그러면 다른 사람도 화장실을 쓸 수 있습니다.

마찬가지로, 어떤 스레드가 GIL을 획득하면 GIL은 잠금 상태가 돼 다른 스레드에서는 GIL을 획득할 수 없습니다. GIL을 획득한 스레드는 파이썬 코드를 실행할 수 있고, 다른 스레드는 해당 스레드의 실행이 끝날 때까지 기다려야 합니다. 코드 실행이 끝나면 GIL의 잠금이 해제되고 다른 스레드에서 GIL을 획득해서 다시 잠금 상태로 만들 수 있게 됩니다.

파이썬이 이런 복잡한 실행 과정을 거치는 이유는 여러 스레드가 어떤 데이터에 동시에 접근하는 것을 막기 위해서입니다. GIL이 없으면 두 개 이상의 스레드가 같은 데이터를 동시에 수정할 수 있기 때문에 데이터 경합 등의 문제가 발생할 수 있습니다.

GIL의 단점

GIL에는 몇 가지 단점도 있습니다. 한 번에 하나의 스레드만 코드를 실행할 수 있기 때문에 파이썬 프로그램은 항상 단 하나의 CPU 코어만을 사용합니다. 즉 컴퓨터에 코어가 여러 개가 있더라도 파이썬 프로그램은 그중 하나만을 사용한다는 뜻입니다. 그렇기 때문에 GIL은 멀티스레드 프로그램, 특히 CPU를 많이 사용하는 프로그램의 성능에 치명적인 영향을 줍니다. 한 스레드가 CPU를 많이 사용하는 작업을 실행하면, 다른 스레드가 CPU를 사용하지 않는 I/O와 같은 작업을 하려고 대기 중이더라도 코드를 실행하지 못하고 작업이 끝날 때까지 기다려야 합니다.

실제로 GIL 때문에 코드 실행이 비효율적으로 작동하는 사례를 살펴봅니다. 다음 코드를 실행하면 count 함수를 연속으로 두 번 호출하는 것과, 스레드를 사용하는 것과의 실제 실행 속도 차이가 그리 크지 않습니다. 앞에서 설명했듯이 파이썬은 한 번에 단 하나의 코드만 실행할 수 있기 때문에, 스레드를 여러 개를 만들더라도 빠르게 계산하지 못하기 때문입니다.

▶ 파이썬

```python
import time
import threading


N = 10000000

def count(n):
    for i in range(n):
        pass

start = time.time()
count(N)
count(N)
```

```
print(f"Elapsed time(sequential): {(time.time() - start) * 1000:.3f}ms")

start = time.time()
t1 = threading.Thread(target=count, args=(N,))
t2 = threading.Thread(target=count, args=(N,))

t1.start()
t2.start()

t1.join()
t2.join()

print(f"Elapsed time(threaded): {(time.time() - start) * 1000:.3f}ms")
```

▶ 실행 결과

```
Elapsed time(sequential): 0.4786410331726074
Elapsed time(threaded): 0.4163088798522949
```

파이썬도 GIL의 한계를 극복할 수 있는 다음의 기능을 지원합니다.

- 비동기 프로그래밍
- 멀티스레딩
- 제한적 GIL 해제
- 멀티프로세싱

실제 개발자 입장에서 가장 널리 쓰이는 방식은 비동기 프로그래밍과 멀티스레딩입니다. 물론 numpy나 pandas와 같이 C/C++를 사용해 GIL을 제한적으로 해제하거나, 15장에서 다룰 방법인 러스트를 사용해 성능을 비약적으로 향상시키는 방식도 가능합니다. 다만 이 방법은 서드 파티 패키지를 사용하거나, 별도 패키지를 자체적으로 빌드해서 사용해야 하는 만큼 사용 방법이 다소 제한적입니다. 멀티프로세싱은 할당된 작업이 다 끝날 때까지 다른 작업으로 넘어가지 못하기 때문에 특수한 경우를 제외하고는 잘 사용되지 않습니다.

12.3 스레드와 소유권

std::thread::spawn에는 thread::spawn(func)와 같이 함수 이름을 전달할 수도 있지만, 앞에서 처럼 클로저를 전달할 때가 더 많습니다. 특히 클로저와 move를 같이 사용하면 특정 값을 스레드 안으로 이동시키는 것이 가능합니다. 다음 코드에서는 move 키워드 때문에 변수 numbers의 소유권이 새로 만들어진 스레드로 이동됩니다.

```rust
use std::thread;

fn main() {
    let number = 1;
    let handle = thread::spawn(move || {
        println!("{number}");
    });

    handle.join().unwrap();
}
```

move를 사용하지 않으면 클로저는 numbers를 레퍼런스로 사용하게 돼 컴파일 에러의 원인이 됩니다. 소유권을 빌린 변수 numbers보다 스레드의 지속 범위가 더 넓을 수 있기 때문입니다. 따라서 다음 코드는 컴파일되지 않습니다.

```rust
use std::thread;

fn main() {
    let number = 1;
    let handle = thread::spawn(|| {
        println!("{number}");
    });

    handle.join().unwrap();
}
```

▶ 실행 결과

```
error[E0373]: closure may outlive the current function, but it borrows `number`, which is
owned by the current function
 --> src/main.rs:5:32
  |
5 |     let handle = thread::spawn(|| {
  |                                ^^ may outlive borrowed value `number`
6 |         println!("{number}");
  |                    ------ `number` is borrowed here
  |
note: function requires argument type to outlive `'static`
 --> src/main.rs:5:18
```

```
  |
5 |         let handle = thread::spawn(|| {
  | _____^
6 | |          println!("{number}");
7 | |     });
  | |_____^
help: to force the closure to take ownership of `number` (and any other referenced
variables), use the `move` keyword
  |
5 |         let handle = thread::spawn(move || {
  |                                    ++++
```

이전 코드에서 살펴본 것처럼, 스레드와 변수의 존재 기간이 서로 다를 수 있다는 점에 주의해야 합니다. 다시 말해서 변수가 이미 범위를 벗어나 삭제된 후에도 스레드는 프로그램이 종료될 때까지 계속 실행될 수 있습니다.

스레드를 만들 때 사용된 클로저의 리턴값은 join 메서드가 호출될 때 Result로 감싸져 리턴됩니다. 다음 코드에서는 스레드에서 0부터 1000까지 숫자의 평균을 구한 다음 그 결과를 메인 스레드로 가져오고 있습니다.

```rust
use std::thread;

fn main() {
    let numbers = Vec::from_iter(0..=1000);

    let t = thread::spawn(move || {
        let len = numbers.len();
        let sum = numbers.into_iter().sum::<usize>();
        sum / len // 스레드의 리턴값
    });

    let average = t.join().unwrap(); // 메인 스레드에서 사용
    println!("average: {average}");
}
```

▶ 실행 결과

```
average: 500
```

여기서 스레드 내부에서 패닉이 발생하는 경우를 기억해야 합니다. 예를 들어, numbers의 길이 len

이 0이라면 스레드는 sum을 0으로 나누려고 하다가 패닉을 발생시킵니다. join은 패닉 메시지를 리턴하게 되고, unwrap에 의해 메인 스레드 역시 패닉이 발생합니다. 따라서 여기서도 unwrap 대신 적절한 에러 처리를 해주는 것이 좋습니다.

범위 제한 스레드

어떤 스레드가 반드시 특정 범위에서만 존재하는 것이 확실하다면, 이 스레드는 지역 변수의 소유 권을 (가져가지 않고) 빌려올 수 있습니다. 스레드의 라이프타임보다 지역 변수의 라이프타임이 더 길거나 같기 때문입니다. 이런 스레드를 **범위 제한**scoped **스레드**라고 합니다. 범위 제한 스레드를 만 들려면 std::thread::scope를 사용하면 됩니다.

스레드가 존재할 범위를 만들어주기 위해 std::thread::scope를 사용합니다. scope는 현재의 범 위를 나타내는 s를 파라미터로 하는 클로저를 입력받습니다. 그다음 s를 사용해 스레드를 생성합 니다. 스레드에 전달되는 클로저는 지역 변수 numbers보다 먼저 사라져 move를 쓰지 않고도 지역 변수를 클로저에서 사용할 수 있습니다. 범위가 끝날 때는 실행 중인 스레드가 종료될 때까지 기 다립니다.

```
use std::thread;

fn main() {
    let numbers = vec![1, 2, 3];

    thread::scope(|s| {
        s.spawn(|| {
            println!("length: {}", numbers.len());
        });
        s.spawn(|| {
            for n in &numbers {
                println!("{n}");
            }
        });
    });
}
```

예제에서 두 스레드 모두 numbers 변수에 동시적으로 접근할 수 있습니다. 메인 스레드를 포함해 어느 스레드도 numbers 의 값을 바꾸고 있지 않기 때문에 동시에 접근하는 것 자체는 괜찮습니다. 하지만 코드를 다음과 같이 바꿔서 numbers를 바꾸려고 하면 컴파일 오류가 발생합니다. 범위 제한 스레드에서도 소유권 규칙을 지켜야 한다는 점에 주의해야 합니다.

```rust
use std::thread;

fn main() {
    let mut numbers = vec![1, 2, 3];
    thread::scope(|s| {
        s.spawn(|| {
            numbers.push(1);
        });
        s.spawn(|| {
            numbers.push(2); // Error!
        });
    });
}
```

▶ 실행 결과

```
error[E0499]: cannot borrow `numbers` as mutable more than once at a time
  --> src/main.rs:9:17
   |
5  |         thread::scope(|s| {
   |                       - has type `&'1 Scope<'1, '_>`
6  |             s.spawn(|| {
   |             -      -- first mutable borrow occurs here
   |  _____|
   | |
7  | |               numbers.push(1);
   | |               ------- first borrow occurs due to use of `numbers` in closure
8  | |           });
   | |_____- argument requires that `numbers` is borrowed for `'1`
9  |             s.spawn(|| {
   |                     ^^ second mutable borrow occurs here
10 |               numbers.push(2); // Error!
   |               ------- second borrow occurs due to use of `numbers` in closure
```

지금까지 객체의 소유권을 move 키워드를 사용해 클로저로 넘기거나, 범위 제한 스레드를 사용하는 방법을 살펴봤습니다. 두 스레드가 데이터를 공유하는 상황에서, 두 스레드 모두가 나머지 하나보다 더 오래 존재한다는 사실이 보장되지 않는다면, 어떤 스레드도 데이터의 소유권을 가질 수 없습니다. 공유되는 모든 데이터는 반드시 두 스레드보다 더 오래 존재해야만 합니다.

스태틱

static으로 변수를 만들면 값이 프로그램의 시작부터 종료까지 계속해서 존재하기 때문에 어떤 스레드보다도 오래 있기도 합니다. 하지만 static 변수는 값의 소유권이 프로그램에 있어서 그 값을 수정할 수 없다는 문제가 있습니다. 다음 예제에서는 두 스레드 모두 X에 접근할 수 있지만, 두 스레드 모두 X를 소유할 수는 없습니다.

```rust
use std::thread;

fn main() {
    static X: [i32; 3] = [1, 2, 3];
    {
        let t1 = thread::spawn(|| println!("{:?}", X));
        {
            let t2 = thread::spawn(|| println!("{:?}", X));
            t2.join().unwrap();
        }
        t1.join().unwrap();
    }
}
```

▶ **실행 결과**

```
[1, 2, 3]
[1, 2, 3]
```

즉 static을 사용하면 여러 스레드에서 자유롭게 값에 접근할 수 있지만 값을 수정할 수 없습니다.

12.4 Arc

앞에서 살펴보면 멀티스레딩 환경에서의 문제는 두 가지였습니다.

- 첫째, 하나의 값을 여러 개의 스레드에서 참조하려면 반드시 값의 라이프타임이 스레드의 라이프타임보다 길어야 합니다. 매번 어떤 값을 만들 때마다 이 값이 스레드보다 오래 있도록 하는 것은 특히 코드가 복잡해질수록 굉장히 어려운 일이 됩니다.

- 둘째, 하나의 값을 여러 개의 스레드에서 변경할 수 없습니다. 값의 소유권을 여러 스레드가 공유할 수 없기 때문에 발생하는 문제입니다.

두 가지 중 첫 번째 문제를 해결할 수 있는 방법을 살펴보겠습니다.

레퍼런스 카운팅

11장에서 **레퍼런스 카운팅**을 사용하는 타입인 Rc를 사용해 하나의 값에 여러 개의 소유권을 만드는 방법을 살펴봤습니다. Rc의 단점은 단일 스레드에서만 작동한다는 것입니다. Rc를 다른 스레드로 보내려고 하면 에러가 발생합니다.

```
use std::rc::Rc;
use std::thread;

fn main() {
    let rc = Rc::new("hello");
    let t = thread::spawn(move || {
        println!("{}", rc);
    });

    t.join().unwrap();
}
```

▶ **실행 결과**

```
error[E0277]: `Rc<&str>` cannot be sent between threads safely
   --> src/main.rs:6:27
    |
6   |        let t = thread::spawn(move || {
    |                ------------- ^------
    |                |             |
    |  _____|_____within this `[closure@src/main.rs:6:27: 6:34]`
    | |             |
    | |             required by a bound introduced by this call
7   | |        println!("{}", rc);
8   | |    });
    | |_____^ `Rc<&str>` cannot be sent between threads safely
    |
    = help: within `[closure@src/main.rs:6:27: 6:34]`, the trait `Send` is not implemented
for `Rc<&str>`
...
```

여러 개의 스레드가 특정 값에 Rc를 사용한다면, 각 스레드에서 레퍼런스 카운터를 동시에 변경할 가능성이 있고, 이로 인해 예상치 못한 결과가 일어날 수 있습니다.

Arc

앞에서 살펴본 문제 때문에 멀티스레딩에서는 Rc 대신에 **아토믹**atomic한 레퍼런스 카운팅을 사용하는 std::sync::Arc를 사용해야 합니다. '아토믹'이란 더 이상 연산을 잘게 쪼갤 수 없다는 의미로, 하나의 값에는 동시에 단 하나의 연산만이 수행된다는 것을 의미합니다. 같은 값에 여러 개의 스레드에서 레퍼런스 카운트를 안전하게 변경할 수 있습니다.

Arc는 Rc와 같은 기능을 제공하지만 여러 스레드에서 레퍼런스 카운트를 바꿀 수 있다는 점이 다릅니다. 레퍼런스 카운터가 변경되는 작업이 아토믹하게 이뤄지기 때문에, 여러 개의 스레드에서 동시에 카운터를 변경하더라도 스레드 안전성이 보장됩니다.

```rust
use std::sync::Arc;
use std::thread;

fn main() {
    let a = Arc::new([1, 2, 3]);
    let b = a.clone();
    let c = a.clone();

    let t1 = thread::spawn(move || {
        println!("Reference count: {}", Arc::strong_count(&b));
    });

    let t2 = thread::spawn(move || {
        println!("Reference count: {}", Arc::strong_count(&c));
    });

    t1.join().unwrap();
```

```
        t2.join().unwrap();

        println!("Reference count: {}", Arc::strong_count(&a));
}
```

▶ 실행 결과

```
Reference count: 3
Reference count: 2
Reference count: 1
```

여러 스레드가 하나의 값에 동시에 접근해서 값을 수정하려고 하면 어떻게 될까요? 러스트는 스
레드 안전성이 보장되는 언어이기 때문에 다음과 같이 Arc로 코드를 작성하면 컴파일되지 않습
니다.

```
use std::sync::Arc;
use std::thread;
use std::time::Duration;

fn withdraw(balance: &mut i32, amount: i32) {
    if *balance >= amount {
        thread::sleep(Duration::from_millis(10));
        *balance -= amount;
        println!("Withdrawal successful. Balance: {balance}");
    } else {
        println!("Insufficient balance.");
    }
}

fn main() {
    let mut balance = Arc::new(100);

    let t1 = thread::spawn(move || {
        withdraw(&mut balance, 50); // 🐱
    });

    let t2 = thread::spawn(move || {
        withdraw(&mut balance, 75);
    });

    t1.join().unwrap();
    t2.join().unwrap();
}
```

파이썬으로 코드를 만들어봅니다. 다음 코드에서는 withdraw 함수에서 balance가 인출하려는 금액 amount보다 클 때만 잔고를 인출합니다. 하지만 잔고 확인 후 0.01초를 기다리게 되는데, 이 과정에서 다른 스레드가 먼저 잔고를 인출할 수 있습니다. 따라서 잔고가 -25가 되는 문제가 발생했습니다. 다행히도 이런 문제를 방지할 수 있는 개념인 뮤텍스가 있습니다.

```python
import threading
import time

balance = 100

def withdraw(amount):
    global balance
    if balance >= amount:
        time.sleep(0.01)
        balance -= amount
        print(f"Withdrawal successful. Balance: {balance}")
    else:
        print("Insufficient balance.")

def main():
    t1 = threading.Thread(target=withdraw, args=(50,))
    t2 = threading.Thread(target=withdraw, args=(75,))
    t1.start()
    t2.start()
    t1.join()
    t2.join()

if __name__ == '__main__':
    main()
```

▶ 실행 결과

```
Withdrawal successful. Balance: 50
Withdrawal successful. Balance: -25
```

12.5 뮤텍스

Arc는 여러 스레드 사이에 하나의 값을 이용할 수 있게 해주지만 Rc에서 그랬던 것처럼, 안타깝게도 값을 바꾸지 못합니다. 11장에서 값을 바꿀 수 있도록 하기 위해서 Rc 대신 RefCell을 사용했던 것처럼 여기서는 Arc 대신 **뮤텍스**mutual exclusion, mutex(상호 배제)를 사용합니다.

뮤텍스는 동시에 단 하나의 스레드만 데이터에 접근을 허용합니다. 뮤텍스의 데이터에 접근하려면 먼저 스레드가 뮤텍스의 락을 획득하도록 요청해 접근을 원한다는 신호를 보내야 합니다. 락에는 뮤텍스를 참조하고 있는 스레드의 정보가 저장돼 있습니다. 스레드가 락을 획득하고 뮤텍스에 접근해 데이터를 사용한 후에는 뮤텍스의 락을 해제해서 다른 스레드가 잠금을 획득할 수 있도록 합니다.

뮤텍스를 사용하려면 두 가지 규칙을 지켜야 하는데, 앞에서 살펴봤던 GIL의 사용법과 같습니다.

- 데이터를 사용하려면 락이 해제된 상태여야 합니다.
- 락이 해제된 상태라면 락을 획득하고 뮤텍스 내부 데이터에 접근합니다.
- 뮤텍스가 보호하는 데이터를 사용한 후에는 다른 스레드가 잠금을 획득할 수 있도록 락을 해제합니다.

뮤텍스는 락을 통해 한 번에 단 하나의 데이터만 접근 가능하도록 제한하기 때문에 여러 스레드가 안전하게 소유권을 공유할 수 있습니다.

뮤텍스의 API

앞서 살펴봤던 은행 잔고 예제를 뮤텍스로 수정해보겠습니다. `withdraw`에서 `with lock`을 이용해 락이 잠금 해제 상태일 때만 해당 코드 안으로 진입하도록 했습니다. 이 상태에서는 다른 스레드가 `with lock` 안으로 진입이 불가능합니다. 뮤텍스 잠금을 확인하는 `check_lock` 함수가 추가됐습니다. 잔고가 인출 가능한 경우만 `balance`가 줄어드는 것을 볼 수 있습니다.

▶ 파이썬

```python
import time
import threading

balance = 100
lock = threading.Lock()


def withdraw(amount):
    global balance
    thread_name = threading.current_thread().name
    with lock:
        print(f"{thread_name}: Checking balance...")
        if balance >= amount:
            time.sleep(0.01)
```

```
            balance -= amount
            print(f"{thread_name}: Withdrawal successful. Balance: {balance}")
        else:
            print(f"{thread_name}: Insufficient balance.")


def check_lock():
    while lock.locked():
        print("Lock is locked.")
        time.sleep(0.01)


t1 = threading.Thread(target=withdraw, args=(50,), name="t1")
t2 = threading.Thread(target=withdraw, args=(75,), name="t2")
t3 = threading.Thread(target=check_lock)
t1.start()
t2.start()
t3.start()
t1.join()
t2.join()
t3.join()
```

▶ 실행 결과

```
t1: Checking balance...
Lock is locked.
t1: Withdrawal successful. Balance: 50
t2: Checking balance...
t2: Insufficient balance.
```

러스트에서 뮤텍스를 사용해 파이썬과 같은 은행 잔고 예제를 만들어보겠습니다. withdraw 함수는 Arc<Mutex<i32>> 타입의 balance를 입력받습니다. Mutex를 Arc로 감싸는 이유는 Mutex는 단순히 어떤 값을 감싸서 보호하는 역할만 하기 때문에 Arc로 여러 스레드에 Mutex를 공유해줘야 하기 때문입니다. 락을 획득하려면 balance.lock()을 호출해야 합니다. 다른 스레드에서 락을 이미 획득한 상태라면 락을 획득할 수 있는 상태가 될 때까지 기다립니다. 현재 스레드에서 락을 획득하면 다음 코드로 진행돼 *balance와 같이 역참조를 통해 내부의 값에 접근할 수 있게 됩니다.

▶ 러스트

```
use std::sync::{Arc, Mutex};
use std::thread;
use std::time::Duration;
```

```rust
fn withdraw(balance: Arc<Mutex<i32>>, amount: i32) {
    let mut balance = balance.lock().unwrap();
    println!("{}: Checking balance.", thread::current().name().unwrap());
    if *balance >= amount {
        thread::sleep(Duration::from_millis(2));
        *balance -= amount;
        println!("Withdrawal successful. Balance: {balance}");
    } else {
        println!("Insufficient balance...");
    }
}

fn check_lock(balance: Arc<Mutex<i32>>) {
    while let Err(_) = balance.try_lock() {
        println!("Lock is locked.");
        thread::sleep(Duration::from_millis(1));
    }
}

fn main() {
    let balance = Arc::new(Mutex::new(100));
    let balance1 = Arc::clone(&balance);

    let t1 = thread::Builder::new()
        .name("t1".to_string())
        .spawn(move || {
            withdraw(Arc::clone(&balance1), 50);
        })
        .unwrap();
    let balance2 = Arc::clone(&balance);
    let t2 = thread::Builder::new()
        .name("t2".to_string())
        .spawn(move || {
            withdraw(Arc::clone(&balance2), 75);
        })
        .unwrap();
    let balance3 = Arc::clone(&balance);
    let t3 = thread::spawn(move || {
        check_lock(Arc::clone(&balance3));
    });

    t1.join().unwrap();
    t2.join().unwrap();
    t3.join().unwrap();
}
```

```
t1: Checking balance.
Lock is locked.
Lock is locked.
Withdrawal successful. Balance: 50
t2: Checking balance.
Insufficient balance...
```

> **NOTE**
> 락을 보유한 다른 스레드가 패닉에 빠지면 lock 호출이 실패합니다. 이때 아무도 락을 얻을 수 없게 되기 때문에 스레드에서 패닉을 발생시킵니다.

12.6 메시지 전달

스레드 간에 데이터를 공유하는 방법 중 하나로 널리 쓰이는 것 중 하나가 바로 **MPSC**multiple producer single consumer입니다. 다중 생성자-단일 소비자란 뜻으로, 여러 개의 스레드에서 하나의 스레드로 데이터를 보내는 방식입니다.

파이썬에서는 공식적으로 MPSC를 만드는 방법이 없으므로 스레드 안정성이 보장되는 자료형인 Queue를 사용해 이를 구현해봅니다.

▶ 파이썬

```python
import threading
import time
from queue import Queue

channel = Queue(maxsize=3)


def producer():
    for msg in ["hello", "from", "the", "other", "side"]:
        print(f"Producing {msg}...")
        channel.put(msg)


def consumer():
    while not channel.empty():
```

```
        item = channel.get()
        print(f"Consuming {item}...")
        channel.task_done()
        time.sleep(0.01)


producer_thread = threading.Thread(target=producer)
producer_thread.start()

consumer_thread = threading.Thread(target=consumer)
consumer_thread.start()

producer_thread.join()
consumer_thread.join()
```

러스트의 `mpsc`는 여러 개의 송신자와 하나의 수신자가 있는 채널을 만듭니다. 이 채널은 송신자가 메시지를 전송하면 수신자가 메시지를 수신할 때까지 기다립니다. 이 채널은 `Sender`와 `Receiver`로 구성됩니다.

`Receiver`에는 두 가지 유용한 메서드, 즉 `recv`와 `try_recv`가 있습니다. 여기서는 메인 스레드의 실행을 차단하고 값이 채널로 전송될 때까지 기다리는 `recv`를 사용합니다. 값이 전송되면 `recv`는 `Result<T, E>`에 값을 반환합니다. `Receiver`가 닫히면 `recv`는 에러를 반환해 더는 값이 오지 않을 것임을 알립니다.

▶ 러스트

```
use std::sync::mpsc;
use std::thread;
use std::time::Duration;

fn main() {
    let (tx, rx) = mpsc::channel();

    thread::spawn(move || {
        for msg in vec!["hello", "from", "the", "other", "side"] {
            let val = String::from(msg);
            println!("Producing {}...", val);
            tx.send(val).unwrap();
            thread::sleep(Duration::from_millis(10));
        }
    });

    for re in rx {
```

```
        println!("Consuming {}...", re);
    }
}
```

try_recv를 사용하면 다음과 같이 할 수 있습니다.

```
use std::sync::mpsc;
use std::thread;
use std::time::Duration;

fn main() {
    let (tx, rx) = mpsc::channel();

    thread::spawn(move || {
        let val = String::from("hello");
        thread::sleep(Duration::from_millis(1000));
        tx.send(val).unwrap();
    });

    loop {
        println!("Waiting for the signal...");
        if let Ok(received) = rx.try_recv() {
            println!("Message: {}", received);
            break;
        }

        thread::sleep(Duration::from_millis(300));
    }
}
```

rx가 어떻게 앞의 메시지를 모두 기다릴 수 있을까요? Receiver, 즉 rx는 송신자 tx가 메시지를 전송할 때까지 기다리려고 시도하며, 해당 채널이 끊어지면 오류를 반환합니다.

이 함수는 사용 가능한 데이터가 없고 더 많은 데이터를 전송할 수 있는 경우(적어도 한 명의 발신자가 여전히 있을 때) 항상 현재 스레드를 블록합니다. 해당 발신자(또는 동기화 발신자)에게 메시지가 전송되면 수신자가 깨어나서 해당 메시지를 반환합니다. 즉 수신자가 메시지를 아직 보내지 않았다면 계속 메시지를 기다립니다.

해당 발신자가 연결을 끊었거나 이 스레드가 차단되는 동안 연결이 끊어지면, 채널에서 더는 메시지를 수신할 수 없음을 나타내는 Err를 반환합니다. 그러나 채널이 버퍼링되므로 연결이 끊어지기 전에 보낸 메시지는 계속 정상적으로 수신됩니다.

▶ **러스트**

```rust
use std::sync::mpsc;
use std::thread;
use std::time::Duration;

fn main() {
    let (tx, rx) = mpsc::channel();

    let tx1 = tx.clone();
    thread::spawn(move || {
        for msg in vec!["hello", "from", "the", "other", "side"] {
            let val = String::from(msg);
            thread::sleep(Duration::from_millis(100));
            tx1.send(val).unwrap();
        }
    });

    thread::spawn(move || {
        let val = String::from("bye");
        thread::sleep(Duration::from_millis(1000));
        tx.send(val).unwrap();
    });

    for re in rx {
        println!("{}", re);
    }
}
```

▶ **실행 결과**

```
hello
from
the
other
side
bye
```

13

비동기 프로그래밍

13.1 비동기 프로그래밍

12장에서 멀티스레드로 여러 작업을 분산해서 처리하는 방법을 알아봤습니다. 여기서는 작업을 분산시킬 수 있는 다른 방법인 **비동기 프로그래밍**을 알아봅니다. 작업을 분산시켜서 실행하는 두 가지 방법인 **선점형 멀티태스킹**preemptive multitasking과 **협력형 멀티태스킹**cooperative multitasking의 개념을 먼저 살펴봅니다.

선점형 멀티태스킹은 여러 작업을 번갈아가면서 수행할 때 언제, 어떤 작업이 실행될지를 운영체제가 결정하는 방식입니다. 이렇게 현재 실행하고 있는 내용을 전환시키는 것을 **콘텍스트 스위치**context switch라고 합니다. 선점형 멀티태스킹은 사용자가 작업을 전환할 시점을 정하지 않아도 되기 때문에 편리하지만 세부적으로 작업의 실행 내용을 설정하기 어려운 단점이 있습니다.

협력형 멀티태스킹은 사용자가 콘텍스트 스위치가 발생하는 시점을 결정하는 방식입니다. 콘텍스트 스위치가 시점을 알기 때문에 콘텍스트가 전환되는 지점에 도달하기 전에는 같은 콘텍스트에서 작업이 가능합니다.

멀티스레드와 비동기의 차이점

앞에서 설명한 선점형 멀티태스킹은 12장에서 살펴본 멀티스레드 방식입니다. 운영체제가 각 스레드를 알아서 실행시키기 때문에 사용자는 언제 어떤 스레드로 전환될지 파악하기가 어렵습니다. 멀티스레드는 CPU 의존적인 작업을 여러 개로 나눌 때 유리한데, 여러 CPU 코어에 작업 내용을 분산시켜서 전체 처리 속도를 향상시킬 수 있기 때문입니다.

반면 협력적 멀티태스킹은 비동기 프로그래밍 방식입니다. 소프트웨어상에 구현된 비동기 런타임이 태스크라고 불리는 작업을 번갈아 실행시킵니다. 비동기 프로그래밍은 IO 의존적인 작업을 여러 개로 나눌 때 유리합니다.

비동기 프로그래밍에서 태스크가 직접 의도적으로 제어권을 넘길 때까지 절대로 콘텍스트가 전환되지 않는다는 점이 중요합니다. 멀티스레드를 사용할 때 가장 큰 문제는 데이터 경합입니다. 하지만 비동기 프로그래밍에서는 정확히 작업이 언제 전환되는지를 알 수 있으므로 데이터 경합이 발생하지 않아서 프로그래밍이 훨씬 쉬워집니다.

비동기 프로그래밍은 사용하고자 하는 서드 파티 라이브러리나 크레이트가 비동기 방식을 지원해야 한다는 단점이 있습니다. 비동기 방식이 지원되지 않으면 기존 방식대로 코드를 짜야만 합니다.

> **NOTE**
>
> 파이썬의 경우, 멀티스레드와 비동기 방식 중 어떤 걸 사용하더라도 GIL의 한계로 인해 한 번에 단 하나의 CPU 코어만을 사용합니다. 따라서 둘 중 어떤 걸 사용하는 게 유리한지는 상황에 따라 미묘하게 달라질 수 있습니다. 일반적으로는 아래와 같은 기준대로 사용하는 것이 좋습니다.
> - IO 작업이 많고 대기시간이 짧은 경우에는 비동기
> - IO 작업이 적고 대기시간이 긴 경우에는 멀티스레드

비동기 프로그램의 작동 방식

비동기 프로그램은 어떻게 작동할까요? 일반적인 프로그램의 진행 방식인 동기 프로그램과의 비교를 통해 알아봅니다.

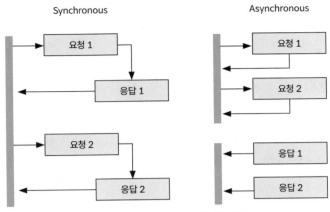

그림 13-1 **동기와 비동기 작동 원리**

그림 13-1에서 왼쪽은 동기 함수의 실행 흐름, 오른쪽은 비동기 함수의 실행 흐름을 나타냅니다. 동기 함수는 요청 1에 대한 응답이 주어질 때까지 기다렸다가 요청 2를 처리합니다. 비동기 함수는 요청 1을 보낸 다음 응답이 올 때까지 기다리지 않고 바로 요청 2를 처리합니다. 그 후, 응답 1과 응답 2가 도착하면 결과를 바로 확인합니다.

비동기 함수를 사용하면 동기 프로그램이 요청 1과 요청 2를 보낸 다음 응답이 올 때까지 대기하는 시간을 절약해 다른 작업을 수행할 수 있습니다. 즉 API를 사용해 데이터를 받거나 클라우드에서 파일을 내려받으며, 디스크에 파일을 읽고 쓰는 등의 프로그램 외부에서 일어나는 작업이 끝나길 기다리는 동안에 다른 작업을 수행할 수 있어 효율적인 작업이 가능하다는 장점이 있습니다.

13.2 비동기 프로그래밍 만들기

비동기 런타임

비동기 프로그램에는 프로그램 내부에서 비동기 함수들의 실행을 관리하는 **비동기 런타임**이 필요합니다. 파이썬에는 asyncio라는 내장 라이브러리가 이 역할을 담당하지만 러스트는 내장 비동기 런타임이 없어서 서드 파티 크레이트인 tokio를 사용해야 합니다.

프로젝트에 tokio를 설치하기 위해 Cargo.toml 파일에 tokio를 추가합니다. tokio는 크레이트의 크기를 줄이려고 기본 기능만 탑재돼 있어서 추가 기능은 features 플래그를 통해 명시해줘야 합니다. 따라서 features = ["full"]을 넣어야 tokio의 전체 기능을 전부 사용할 수 있습니다.

```
[dependencies]
tokio = { version = "1.25.0", features = ["full"] }
```

비동기 함수 만들기

비동기 함수를 선언하려면 일반 함수 정의 앞에 async 키워드를 붙여주면 됩니다. 파이썬에서 비동기 함수를 호출해보면 결과 대신 coroutine 객체가 리턴되고, 경고가 발생합니다. 즉 비동기 함수를 동기 방식으로 호출해서 일어나는 문제입니다.

▶ **파이썬**

```
async def func():
    return 1
print(func())
```

▶ **실행 결과**

```
<coroutine object asynch at 0x10fe8e3b0>
/Users/temp/python/main.py:9: RuntimeWarning: coroutine 'func' was never awaited
  print(func())
RuntimeWarning: Enable tracemalloc to get the object allocation traceback
```

비동기 함수를 사용하려면 asyncio.run을 사용해 비동기 런타임을 생성하고, await 키워드로 해당 함수가 끝나기를 기다려야 합니다. await은 해당 코드가 비동기로 작동한다는 것을 알려주는 키워드입니다. 비동기 런타임이 await을 발견하면 해당 태스크는 외부 작업을 기다리면서 다른 태스크로 콘텍스트 스위치가 일어납니다.

▶ **파이썬**

```
import asyncio


async def func():
    return 1


async def main():
    print(await func())


asyncio.run(main())
```

러스트에서도 파이썬처럼 비동기 함수를 만들려면 async와 await을 사용합니다. 앞의 파이썬 코드와 같은 러스트 코드를 다음과 같이 만듭니다. 파이썬에서는 함수의 앞에 await을 사용하는 반면, 러스트에서는 함수 호출 뒤에 .await을 붙여줍니다. 또한, 비동기 함수는 비동기 함수에서만 호출이 가능하므로 비동기 함수를 실행하기 위해서 main을 async로 바꾸고, #[tokio::main]를 main 함수에 붙여서 비동기 메인 함수를 만들 수 있습니다. 이제 메인 함수가 비동기 함수이기 때문에 내부에서 async와 await 키워드를 사용 가능합니다.

▶ 러스트

```rust
use tokio;

async fn func() -> i32 {
    1
}

#[tokio::main]
async fn main() {
    println!("{}", func().await);
}
```

비동기 함수를 기다리지 않고 출력하면 어떨까요? 일단 다음 코드는 컴파일되지 않습니다.

▶ 러스트

```rust
use tokio;

async fn func() -> i32 {
    1
}

#[tokio::main]
async fn main() {
    println!("{}", func()); // 😺
}
```

▶ 실행 결과

```
error[E0277]: `impl Future<Output = i32>` doesn't implement `std::fmt::Display`
 --> src/main.rs:9:20
  |
9 |     println!("{}", func()); // 😎
```

```
    |                                  ^^^^^^ `impl Future<Output = i32>` cannot be formatted with the
default formatter
    |
```

컴파일 에러 내용을 보면 함수 func의 리턴값이 impl Future<Output = i32>라는 것을 알 수 있습니다. 즉 비동기 함수를 기다리지 않으면, 파이썬에서는 coroutine이, 러스트에서는 Future가 리턴됩니다. 둘 다 await을 사용해 함수 호출이 끝나기를 기다려줘야 실제 함수의 결과를 얻을 수 있습니다.

> **NOTE**
> 자바스크립트나 C#과 같은 언어의 비동기 함수들은 프로미스promise 기반으로 만들어져 있어서 비동기 함수를 호출하는 즉시 실행되지만, 파이썬과 러스트는 실행할 수 있을 때 실행하는 방식lazy execution을 사용하고 있습니다.

여러 작업 실행하기

비동기 함수를 사용할 때, 단순히 await을 사용하기만 해서는 기존의 동기 함수와 비슷한 결과가 나옵니다. 다음 코드는 "Hello World!"가 출력된 이후 3초를 기다리면 나머지 "waited", "Goodbye!"가 순서대로 화면에 출력됩니다.

▶ **러스트**

```rust
async fn hello() {
    println!("Hello World!");
    tokio::time::sleep(std::time::Duration::from_secs(3)).await;
    println!("waited");
}

async fn bye() {
    println!("Goodbye!");
}

#[tokio::main]
async fn main() {
    hello().await; // blocking
    bye().await;
}
```

```
Hello World!
waited
Goodbye!
```

각 함수의 실행을 비동기 런타임이 직접 제어하도록 하면 코드를 효율적으로 실행할 수 있습니다. 파이썬에서는 `asyncio.gather`로 여러 개의 비동기 함수를 한꺼번에 실행할 수 있습니다. 다음 코드를 실행하면 각 비동기 함수가 파라미터가 1, 2, 3인 순서대로 실행되지만 `asyncio.sleep(3 - order)` 때문에 끝나는 순서는 3, 2, 1이 됩니다. 비동기 함수가 동시에 실행됐음을 알 수 있습니다.

▶ 파이썬

```python
import asyncio

async def give_order(order):
    print(f"Processing {order}...")
    await asyncio.sleep(3 - order)
    print(f"Finished {order}")

async def main():
    await asyncio.gather(give_order(1), give_order(2), give_order(3))

asyncio.run(main())
```

▶ 실행 결과

```
Processing 1...
Processing 2...
Processing 3...
Finished 3
Finished 2
Finished 1
```

각 함수에 리턴값이 있다면 값이 리스트로 모아져서 리턴됩니다.

▶ 파이썬

```python
import asyncio

async def give_order(order):
    print(f"Processing {order}...")
```

```python
        await asyncio.sleep(3 - order)
        print(f"Finished {order}")
        return order

async def main():
    results = await asyncio.gather(give_order(1), give_order(2), give_order(3))
    print(results)

asyncio.run(main())
```

▶ 실행 결과

```
Processing 1...
Processing 2...
Processing 3...
Finished 3
Finished 2
Finished 1
[1, 2, 3]
```

실제 함수 실행 속도가 다르더라도 결과는 gather에 넣은 순서대로 나온다는 점은 좋습니다.

러스트에서는 tokio::join!에 기다리고자 하는 함수들을 넣어주면 됩니다. 앞에서 만든 hello와 bye 함수 모두 실제로는 Future라고 하는 비동기 객체를 리턴하게 되고, tokio가 Future를 사용해 내부적으로 비동기 관련 처리를 해주기 때문입니다.

▶ 러스트

```rust
async fn give_order(order: u64) -> u64 {
    println!("Processing {order}...");
    tokio::time::sleep(std::time::Duration::from_secs(3 - order)).await;
    println!("Finished {order}");
    order
}

#[tokio::main]
async fn main() {
    let result = tokio::join!(give_order(1), give_order(2), give_order(3));

    println!("{:?}", result);
}
```

```
Processing 1...
Processing 2...
Processing 3...
Finished 3
Finished 2
Finished 1
(1, 2, 3)
```

13.3 예제: 빠르게 HTTP 요청 보내기

실제로 여러 개의 IO 요청을 보낼 때 동기 방식보다 비동기 방식이 훨씬 효율적인지 직접 확인해봅니다. 네트워크 IO를 사용하기 위해 포켓몬 정보를 API로 제공하는 https://pokeapi.co를 이용하겠습니다.

동기 방식

파이썬으로 **동기 방식**을 구현하면 다음과 같습니다. fetch 함수에서 임의로 생성된 포켓몬 번호로 API 요청을 순서대로 하나씩 보내면 그 결과를 하나씩 출력합니다.

▶ 파이썬

```python
import time
from random import randint

import requests


# The highest Pokemon id
MAX_POKEMON = 898


def fetch(total):
    urls = [
        f"https://pokeapi.co/api/v2/pokemon/{randint(1, MAX_POKEMON)}"
        for _ in range(total)
    ]
    with requests.Session() as session:
        for url in urls:
            response = session.get(url).json()
```

```
            yield response["name"]


def main():
    start = time.time()
    for name in fetch(10):
        print(name)
    print(f"Time taken: {time.time() - start:.2f}s")


main()
```

```
kabutops
frogadier
mankey
lucario
mienfoo
pancham
voltorb
nuzleaf
minccino
aurorus
Time taken: 2.76s
```

러스트 동기 코드를 만들어봅니다. 난수 생성을 위한 rand 크레이트를 추가합니다. HTTP 요청을 보내고 응답을 러스트 객체로 만들기 위해 reqwest와 serde_json을 프로젝트에 추가합니다.

▶ 러스트

```
rand = "0.8.5"
reqwest = { version="0.11.16", features = ["blocking", "json"] }
serde_json = "1.0.105"
```

방금 추가한 크레이트에서 사용하는 기능은 다음과 같습니다. rand::thread_rng()로 1부터 898까지의 무작위 난수를 생성합니다. reqwest::blocking::Client::new()는 동기 방식의 HTTP 클라이언트입니다. 클라이언트에서 서버로 요청을 보내고 받은 응답을 JSON에서 러스트 객체로 바꾸기 위해 .json::<serde_json::Value>()가 사용됐습니다. serde_json::Value는 응답 JSON 데이터의 형태를 미리 알 수 없을 때 사용합니다. 일반적으로는 응답 형태를 미리 알고 있기 때문에 구조체를 사용해 타입을 명시하게 됩니다.

```rust
use rand::Rng;
use reqwest;
use serde_json;

const MAX_POKEMON: u32 = 898;

fn fetch(total: u32) -> Vec<String> {
    let mut urls = Vec::new();
    for _ in 0..total {
        let url = format!(
            "https://pokeapi.co/api/v2/pokemon/{}",
            rand::thread_rng().gen_range(1..=MAX_POKEMON)
        );
        urls.push(url);
    }
    let client = reqwest::blocking::Client::new();
    let mut names = Vec::new();
    for url in urls {
        let response = client
            .get(&url)
            .send()
            .unwrap()
            .json::<serde_json::Value>()
            .unwrap();
        names.push(response["name"].as_str().unwrap().to_string());
    }
    names
}

fn main() {
    let start = std::time::Instant::now();
    for name in fetch(10) {
        println!("{}", name);
    }
    println!("Time taken: {:?}", start.elapsed());
}
```

```
grumpig
dartrix
celesteela
piloswine
tangrowth
```

```
virizion
glastrier
dewpider
hattrem
glameow
Time taken: 1.618283835s
```

동기 방식으로 10개 요청을 보내고 그 결과를 출력하는 데 파이썬은 2.76초, 러스트는 1.61초가 걸렸습니다.

비동기 방식

파이썬에서 비동기 방식으로 요청을 보내봅니다. 이를 위해서는 **aiohttp** 패키지가 필요합니다.

```
pip install aiohttp
```

사용법은 **requests**와 비슷합니다. 이번에도 **asyncio.gather**를 사용해 여러 개의 비동기 함수를 동시에 실행시킵니다. 소요 시간은 약 0.4초로, 동기 방식과 비교해 굉장히 빨라진 것을 알 수 있습니다.

▶ **파이썬**

```python
import asyncio
import time
from random import randint


import aiohttp



# The highest Pokemon id
MAX_POKEMON = 898


async def _fetch(session, url):
    async with session.get(url) as response:
        return await response.json()


async def fetch(total):
    urls = [
```

```
            f"https://pokeapi.co/api/v2/pokemon/{randint(1, MAX_POKEMON)}"
            for _ in range(total)
    ]
    async with aiohttp.ClientSession() as session:
        tasks = [_fetch(session, url) for url in urls]
        responses = await asyncio.gather(*tasks)
        for response in responses:
            yield response["name"]


async def main():
    async for name in fetch(10):
        print(name)
start = time.time()
asyncio.run(main())
print(f"Time taken: {time.time() - start:.3f}")
```

▶ 실행 결과

```
buneary
dustox
golem
kangaskhan
pidgeotto
wimpod
spectrier
cutiefly
marshadow
hydreigon
Time taken: 0.4111156463623047
```

러스트 비동기에서는 reqwest를 그대로 사용하면 됩니다. 이때 여러 개의 비동기 함수를 한 번에 시작하기 위해 JoinSet을 사용합니다. join! 매크로는 함수 개수가 정해져 있어서 함수 이름을 직접 입력해야 하지만, JoinSet은 함수명 대신 반복문을 사용할 수 있습니다. 함수의 실행 결과는 join_next 메서드를 사용해 끝난 순서대로 결괏값을 출력합니다. 소요 시간은 0.69초로 동기 방식에 비해 약 3배 정도 빠른 것을 알 수 있습니다. 요청의 개수를 10개가 아닌 100개로 늘린다면 효과는 더욱 커집니다.

▶ 러스트

```
use rand::Rng;
use reqwest;
```

```
const MAX_POKEMON: u32 = 898;

async fn fetch(id: u32) -> String {
    let url = format!("https://pokeapi.co/api/v2/pokemon/{}", id);
    let client = reqwest::Client::new();
    let response = client
        .get(&url)
        .send()
        .await
        .unwrap()
        .json::<serde_json::Value>()
        .await
        .unwrap();
    response["name"].as_str().unwrap().to_string()
}

#[tokio::main]
async fn main() {
    let start = std::time::Instant::now();
    let mut tasks = tokio::task::JoinSet::new();
    for _ in 0..10 {
        let id = rand::thread_rng().gen_range(1..=MAX_POKEMON);
        tasks.spawn(fetch(id));
    }

    while let Some(res) = tasks.join_next().await {
        println!("{}", res.unwrap());
    }

    println!("Time taken: {:?}", start.elapsed());
}
```

▶ 실행 결과

```
darumaka
yungoos
rowlet
scraggy
golurk
pansear
silvally
electivire
spoink
muk
Time taken: 693.418242ms
```

참고

tokio vs rayon

tokio와 rayon은 모두 러스트에서 병렬 및 비동기 프로그래밍을 위한 라이브러리이지만, 초점과 사용 사례는 서로 다릅니다.

tokio는 주로 비동기 프로그래밍, 특히 네트워크 애플리케이션 구축을 위한 비동기 프로그래밍에 중점을 둡니다. 러스트에서 효율적이고 고성능이며 확장 가능한 비동기 애플리케이션을 구축하기 위한 도구 세트를 제공합니다. tokio는 러스트의 퓨처 및 비동기/대기 언어 기능과 함께 작동하도록 설계됐으며, 비동기 작업을 효율적으로 실행할 수 있는 런타임을 제공합니다.

반면 rayon은 데이터 처리 작업을 위한 병렬 처리와 동시성에 중점을 두고 있습니다. 대규모 데이터 컬렉션 계산을 병렬화하기 위한 간단하고 사용하기 쉬운 인터페이스를 제공합니다. rayon은 러스트의 이터레이터 특성과 함께 작동하도록 설계됐으며, 데이터를 병렬로 처리하는 데 사용할 수 있는 일련의 병렬 알고리즘을 제공합니다. 멀티스레드도 마찬가지지만 스레드 스폰 및 조인에 시간이 걸려서 사용할 때 주의해야 합니다.

즉 tokio는 비동기 네트워크 애플리케이션을 구축하는 데 이상적이며, rayon은 대규모 데이터 컬렉션 계산을 병렬화하는 데 이상적입니다. 두 라이브러리 모두 다양한 사용 사례에 유용하며, 비동기 처리와 병렬 처리가 모두 필요할 때 함께 사용할 수 있습니다.

병렬 이터레이터

rayon은 러스트를 위한 데이터 병렬처리 라이브러리입니다. 매우 가볍고 순차 계산을 병렬 계산으로 쉽게 변환할 수 있습니다. 또한 데이터 경합이 발생하지 않는 것이 보장됩니다. rayon은 다음 명령어로 설치 가능합니다.

```
cargo add rayon
```

공식 문서에서 권장하는 사용 방법은 prelude 밑에 있는 모든 것을 불러오는 것입니다. 이렇게 하면 병렬 이터레이터와 다른 트레이트를 전부 불러오기 때문에 코드를 훨씬 쉽게 작성할 수 있습니다.

```
use rayon::prelude::*;
```

기존의 순차 계산 함수에 병렬성을 더하려면, 단순히 이터레이터를 par_iter로 바꿔주기만 하면 됩니다.

```
use rayon::prelude::*;
use std::time::SystemTime;

fn sum_of_squares(input: &Vec<i32>) -> i32 {
    input
        .par_iter() // ★
        .map(|&i| {
            std::thread::sleep(std::time::Duration::from_millis(10));
            i * i
        })
        .sum()
}
```

```rust
fn sum_of_squares_seq(input: &Vec<i32>) -> i32 {
    input
        .iter()
        .map(|&i| {
            std::thread::sleep(std::time::Duration::from_millis(10));
            i * i
        })
        .sum()
}

fn main() {
    let start = SystemTime::now();
    sum_of_squares(&(1..100).collect());
    println!("{}ms", start.elapsed().unwrap().as_millis());
    let start = SystemTime::now();
    sum_of_squares_seq(&(1..100).collect());
    println!("{}ms", start.elapsed().unwrap().as_millis());
}
```

▶ 실행 결과

```
106ms
1122ms
```

par_iter_mut는 각 원소의 가변 레퍼런스를 받는 이터레이터입니다.

```rust
use rayon::prelude::*;

use std::time::SystemTime;

fn plus_one(x: &mut i32) {
    *x += 1;
    std::thread::sleep(std::time::Duration::from_millis(10));
}

fn increment_all_seq(input: &mut [i32]) {
    input.iter_mut().for_each(plus_one);
}

fn increment_all(input: &mut [i32]) {
    input.par_iter_mut().for_each(plus_one);
}
```

```rust
fn main() {
    let mut data = vec![1, 2, 3, 4, 5];

    let start = SystemTime::now();

    increment_all(&mut data);
    println!("{:?} - {}ms", data, start.elapsed().unwrap().as_millis());

    let start = SystemTime::now();
    increment_all_seq(&mut data);
    println!("{:?} - {}ms", data, start.elapsed().unwrap().as_millis());
}
```

▶ 실행 결과

```
[2, 3, 4, 5, 6] - 12ms
[3, 4, 5, 6, 7] - 55ms
```

par_sort는 병합 정렬을 응용한 정렬 알고리즘을 사용해 데이터를 병렬적으로 분할해 정렬합니다.

```rust
use rand::Rng;
use rayon::prelude::*;

use std::time::SystemTime;

fn main() {
    let mut rng = rand::thread_rng();
    let mut data1: Vec<i32> = (0..1_000_000).map(|_| rng.gen_range(0..=100)).collect();
    let mut data2 = data1.clone();

    let start = SystemTime::now();
    data1.par_sort();
    println!("{}ms", start.elapsed().unwrap().as_millis());

    let start = SystemTime::now();
    data2.sort();
    println!("{}ms", start.elapsed().unwrap().as_millis());

    assert_eq!(data1, data2);
}
```

```
68ms
325ms
```

14

테스트

14.1 프로그래밍에서 테스트가 필요한 이유

테스트는 소프트웨어가 요구 사항을 충족하는지, 예상대로 잘 작동하는지 확인하는 도구 중 하나입니다. 대부분 회사에서 테스트는 소프트웨어를 개발할 때 반드시 거치는 과정으로, 버그를 미리 발견하고 수정할 수 있어서 꼭 필요합니다. 소프트웨어 테스트는 소스 코드를 자동으로 수행하기 때문에 테스트가 일단 개발되면 개발자가 테스트를 하기 위해 시간과 노력을 더 들이지 않아도 됩니다. 이로 인해 개발 비용도 줄일 수 있어 효율적입니다.

소프트웨어 테스트의 종류, 방법론 등이 매우 다양하지만 여기서는 가장 간단한 단위 테스트를 집중적으로 다룹니다.

단위 테스트unit test는 작은 코드 조각이 의도한 대로 작동하는지 확인하기 위한 테스트입니다. 일반적으로 개발자가 개발 중에 수행하며 개별 함수나 모듈과 같은 작은 요소에 중점을 둡니다.

> **NOTE**
>
> 반면에 **통합 테스트**integration test는 여러 소프트웨어 구성 요소가 함께 작동하는 방식을 테스트하는 프로세스입니다. 통합 테스트는 통합된 유닛 간의 인터페이스가 올바른지 확인하는 데 중점을 둡니다. 통합 테스트는 일반적으로 단위 테스트가 완료된 후 시스템 테스트 전에 수행됩니다.
>
> 단위 테스트와 통합 테스트의 주요 차이점은 단위 테스트는 개별 코드 단위에, 통합 테스트는 이들이 함께 작동하는 방식에 초점을 맞춘다는 점입니다. 단위 테스트는 개발자가 코드가 개별 수준에서 올바르게 작동하는지 확인하는 데 도움이 되며, 통합 테스트는 시스템의 여러 부분이 올바르게 함께 작동하는지 확인하는 데 도움이 됩니다.

14.2 단위 테스트

함수 테스트

파이썬에서 단위 테스트를 위해서 사용하는 라이브러리로, 내장 라이브러리인 unittest가 있습니다. 현장에서는 pytest 패키지를 많이 사용합니다. 다음 명령어로 패키지를 설치합니다.

```
pip install pytest
```

파이썬 코드를 살펴보겠습니다. logic.py을 새로 만들고 다음 코드를 입력합니다.

▶ 파이썬

```python
from typing import Optional

CARDS = ["Rock", "Scissors", "Paper"]


def play(card1: str, card2: str) -> Optional[bool]:
    assert card1 in CARDS, "Invalid card1"
    assert card2 in CARDS, "Invalid card2"

    if card1 == card2:
        return None

    if (
        (card1 == "Rock" and card2 == "Scissors")
        or (card1 == "Scissors" and card2 == "Paper")
        or (card1 == "Paper" and card2 == "Rock")
    ):
        return True
    else:
        return False


def stop():
    raise Exception("stop!")
```

play()는 입력받은 두 카드의 값을 비교해 첫 번째 카드의 승패 유무를 리턴하는 함수입니다. 가위바위보에서 이기면 True, 지면 False, 비기면 None을 리턴합니다. stop()는 무조건 에러를 발생시켜 프로그램을 종료시킵니다.

test.py 모듈을 생성하고 다음 코드를 입력합니다.

▶ 파이썬

```python
import pytest

from logic import play, stop


@pytest.mark.parametrize(
    "card1, card2",
    [("Rock", "Scissors"), ("Scissors", "Paper"), ("Paper", "Rock")],
)
def test_win(card1, card2):
    assert play(card1, card2) == True


@pytest.mark.parametrize(
    "card1, card2",
    [("Rock", "Rock"), ("Scissors", "Scissors"), ("Paper", "Paper")],
)
def test_draw(card1, card2):
    assert play(card1, card2) == None


@pytest.mark.parametrize(
    "card1, card2",
    [("Scissors", "Rock"), ("Rock", "Paper"), ("Paper", "Scissors")],
)
def test_lose(card1, card2):
    assert play(card1, card2) == False


def test_stop():
    with pytest.raises(Exception) as exc:
        stop()
```

@pytest.mark.parametrize는 테스트의 각 파라미터를 테스트 수행 중에 동적으로 넣을 수 있는 데코레이터입니다. 여기서 승, 무, 패 세 가지를 테스트하는 함수 test_win, test_draw, test_lose와 함께 stop()이 에러를 발생시키는지를 검사하는 test_stop까지 총 4개의 테스트가 있습니다. 승, 무, 패 테스트에는 파라미터가 세 종류씩 들어가므로 총 10개의 테스트 케이스가 수행됩니다.

pytest에는 정말 다양한 사용법이 있지만, 여기서는 기본적으로 테스트 모듈을 실행하는 것만 해보겠습니다. 현재 파이썬 폴더 밑에 test.py 파일에 정의된 테스트들을 수행해줍니다. 10개의 테스트 케이스가 실행되고 모두 정상적으로 통과되는 것을 알 수 있습니다.

```
pytest test.py
```

▶ **실행 결과**

```
=========================== test session starts ============================
platform darwin -- Python 3.8.2, pytest-6.2.5, py-1.11.0, pluggy-1.0.0
rootdir: /ch10/python
plugins: dash-2.0.0, anyio-3.3.4
collected 10 items

test.py ..........                                                    [100%]

============================ 10 passed in 0.05s ============================
```

파이썬 코드처럼 러스트 코드를 만들어봅니다. 여기서는 `lib.rs` 파일을 만들고 다음 코드를 입력합니다.

> **NOTE**
> 여기에서는 크레이트 루트로 바이너리 크레이트가 아닌 라이브러리 크레이트를 사용합니다.

▶ **러스트**

```rust
#[derive(PartialEq)]
pub enum Cards {
    Rock,
    Scissors,
    Paper,
}

/// Demonstrate Rock, Scissors, Paper
///
/// ```
/// use rust_part::{play, Cards};
///
/// let result = play(Cards::Rock, Cards::Scissors);
/// assert_eq!(result, Some(true));
```

```
/// ```
pub fn play(card1: Cards, card2: Cards) -> Option<bool> {
    if card1 == card2 {
        return None;
    }
    match (card1, card2) {
        (Cards::Rock, Cards::Scissors) => Some(true),
        (Cards::Scissors, Cards::Paper) => Some(true),
        (Cards::Paper, Cards::Rock) => Some(true),
        _ => Some(false),
    }
}

pub fn stop() {
    panic!("stop!");
}

#[cfg(test)]
pub mod test {
    // import everything in this module
    use super::*;

    // No parametrized tests out of the box in Rust.
    #[test]
    fn test_win() {
        assert_eq!(play(Cards::Paper, Cards::Rock), Some(true));
        assert_eq!(play(Cards::Scissors, Cards::Paper), Some(true));
        assert_eq!(play(Cards::Paper, Cards::Rock), Some(true));
    }
    #[test]
    fn test_draw() {
        assert_eq!(play(Cards::Rock, Cards::Rock), None);
        assert_eq!(play(Cards::Scissors, Cards::Scissors), None);
        assert_eq!(play(Cards::Paper, Cards::Paper), None);
    }
    #[test]
    fn test_lose() {
        assert_eq!(play(Cards::Rock, Cards::Paper), Some(false));
        assert_eq!(play(Cards::Paper, Cards::Scissors), Some(false));
        assert_eq!(play(Cards::Scissors, Cards::Rock), Some(false));
    }

    #[test]
    #[should_panic(expected="stop!")]
    fn test_stop(){
        stop();
    }
}
```

러스트는 테스트를 위해서 별도의 파일을 만들지 않고, 소스 코드와 같은 파일 안에 **test** 모듈을 만들어 그 안에서 테스트를 작성합니다. 이렇게 하면 테스트 모듈에서 테스트의 대상이 되는 모듈에 접근이 쉬워집니다. 다시 말해, **private**으로 선언된 함수에도 접근할 수 있기 때문에 테스트가 용이해집니다. 하지만 원래 코드에 더해 테스트 코드가 추가되기 때문에 모듈에 많은 코드 라인이 생겨 모듈의 크기가 커집니다. 또한 테스트 코드가 많아질수록 테스트를 관리하기 어렵다는 단점도 있습니다.

다음 명령어로 테스트 모듈의 테스트를 수행합니다. **cargo**에 내장된 **test** 러너로 단위 테스트 실행이 가능합니다. **main.rs** 파일이 아직 있다면 출력이 아래와 조금 다를 수 있습니다.

```
cargo test
```

▶ **실행 결과**

```
running 4 tests
test test::test_draw ... ok
test test::test_lose ... ok
test test::test_stop - should panic ... ok
test test::test_win ... ok

test result: ok. 4 passed; 0 failed; 0 ignored; 0 measured; 0 filtered out; finished in 0.00s

    Doc-tests rust_part

running 1 test
test src/lib.rs - play (line 10) ... ok

test result: ok. 1 passed; 0 failed; 0 ignored; 0 measured; 0 filtered out; finished in 0.59s
```

러스트는 테스트를 위해 바이너리를 빌드하는 과정이 먼저 수행됩니다. 그리고 단위 테스트를 수행합니다. 마지막에 "**Doc-tests**"라는 것이 추가로 수행되는데 이는 뒤에서 자세히 설명하겠습니다.

클래스와 구조체 테스트

함수와 비슷한 방식으로 클래스도 테스트할 수 있습니다. 파이썬에서 **logic.py**에 다음과 같은 클래스를 정의합니다.

```python
class Person:
    def __init__(self, name, age):
        self.name = name
        self._age = age

    @property
    def age(self):
        return self._age

    def hi(self):
        return f"Hi, I'm {self.name}, I'm {self._age} years old."
```

테스트 모듈 test.py에서 객체화한 후 프로퍼티와 메서드가 잘 적용되는지를 테스트합니다.

▶ 파이썬

```python
def test_hi():
    name = "John"
    age = 30
    person = Person(name, age)
    assert person.hi() == f"Hi, I'm {name}, I'm {age} years old."
    assert person.hi() == f"Hi, I'm {person.name}, I'm {person.age} years old."
```

러스트에서는 다음과 같이 lib.rs에 구조체를 선언했습니다. person 모듈을 선언한 후 Person 구조체와 메서드를 정의했습니다. 별도로 모듈을 만들지 않아도 상관없지만 모듈을 만드는 편이 테스트 모듈과의 구분이 쉬워집니다.

▶ 러스트

```rust
pub mod person {

    pub struct Person {
        pub name: String,
        age: u8,
    }

    impl Person {
        pub fn new(name: &str, age: u8) -> Person {
            Person {
                name: name.to_string(),
                age: age,
```

```
            }
        }

        pub fn hi(&self) -> String {
            format!("Hi, I'm {}, I am {} years old.", self.name, self.age())
        }

        pub fn age(&self) -> u8 {
            self.age
        }
    }
}
```

같은 파일의 밑에 테스트 모듈을 다음과 같이 작성합니다.

▶ **러스트**

```
#[cfg(test)]
pub mod test {
    use super::person;

    #[test]
    fn test_hi() {
        let name = "John";
        let age: u8 = 30;
        let person = person::Person::new(name, age);
        assert_eq!(
            person.hi(),
            format!("Hi, I'm {}, I am {} years old.", name, age)
        );
        assert_eq!(
            person.hi(),
            format!("Hi, I'm {}, I am {} years old.", person.name, person.age())
        );
    }
}
```

파이썬과 마찬가지로 프로퍼티와 메서드가 잘 적용되는지를 테스트합니다. 다음 명령어로 테스트
들을 수행합니다.

```
cargo test
```

```
    Running unittests src/lib.rs (target/debug/deps/rust_part-f0f4dd89a6954739)

running 1 test
test test::test_hi ... ok

test result: ok. 1 passed; 0 failed; 0 ignored; 0 measured; 0 filtered out; finished in 0.00s
```

비동기 함수 테스트

파이썬에서는 비동기 함수 역시 일반 함수와 똑같이 취급합니다. 러스트에서는 약간의 변형이 필요한데, 비동기 함수를 테스트하려면 기존의 #[test] 애트리뷰트 대신 #[tokio::test]를 함수에 붙여주면 됩니다. 다음 코드를 lib.rs에 입력하고 cargo test로 테스트를 실행해봅니다.

```rust
async fn give_order(order: u64) -> u64 {
    println!("Processing {order}...");
    tokio::time::sleep(std::time::Duration::from_secs(3 - order)).await;
    println!("Finished {order}");
    order
}


#[cfg(test)]
mod tests {
    use super::*;

    #[tokio::test]
    async fn test_give_order() {
        let result = give_order(1).await;
        assert_eq!(result, 1);
    }
}
```

▶ 실행 결과

```
running 1 test
test tests::test_give_order ... ok

test result: ok. 1 passed; 0 failed; 0 ignored; 0 measured; 0 filtered out; finished in 2.00s
```

14.3 문서 테스트

cargo test를 실행했을 때, 단위 테스트 외에도 한 가지 테스트가 더 추가로 실행됐습니다. 바로 문서가 잘 작성됐는지를 테스트하는 **문서 테스트**입니다.

```
    Doc-tests rust_part

running 1 test
test src/lib.rs - play (line 10) ... ok

test result: ok. 1 passed; 0 failed; 0 ignored; 0 measured; 0 filtered out; finished in 0.55s
```

play 함수 위의 주석을 보면 다음과 같은 부분이 들어있습니다.

```
/// Demonstrate Rock, Scissors, Paper
///
/// ```
/// use rust_part::{play, Cards};
///
/// let result = play(Cards::Rock, Cards::Scissors);
/// assert_eq!(result, Some(true));
/// ```
```

/을 3개 달아서 함수에 해당하는 주석이라는 것을 표시할 수 있습니다. 가장 윗줄은 어떤 함수인지를 설명하고 있고, ```로 묶인 부분은 play 함수를 사용하기 위한 예제 코드입니다. 문서 테스트가 실행되면 예제 코드가 컴파일되는지를 테스트합니다.

구조체와 메서드에도 별도로 주석을 추가할 수 있습니다. 다음 두 주석을 구조체와 메서드에 추가해보겠습니다.

```
/// A module for Person struct.
pub mod person {
    /// Person struct with name and age.
    ///
    /// ```
    /// use rust_part::person::Person;
    ///
    /// let person = Person::new("John", 30);
    /// person.hi();
    /// ```
```

```rust
pub struct Person {
    pub name: String,
    age: u8,
}
/// Methods defined for Person struct.
impl Person {
    pub fn new(name: &str, age: u8) -> Person {
        Person {
            name: name.to_string(),
            age: age,
        }
    }

    pub fn hi(&self) -> String {
        format!("Hi, I'm {}, I am {} years old.", self.name, self.age())
    }

    pub fn age(&self) -> u8 {
        self.age
    }
}
```

작성된 문서를 브라우저에서 확인하기 위해 다음 명령어를 실행합니다.

```
cargo doc --open
```

브라우저가 실행되고 그림 14-1과 같은 메인 페이지가 나타납니다.

그림 14-1 자동 생성된 크레이트 문서

person::Person 구조체로 들어가보겠습니다.

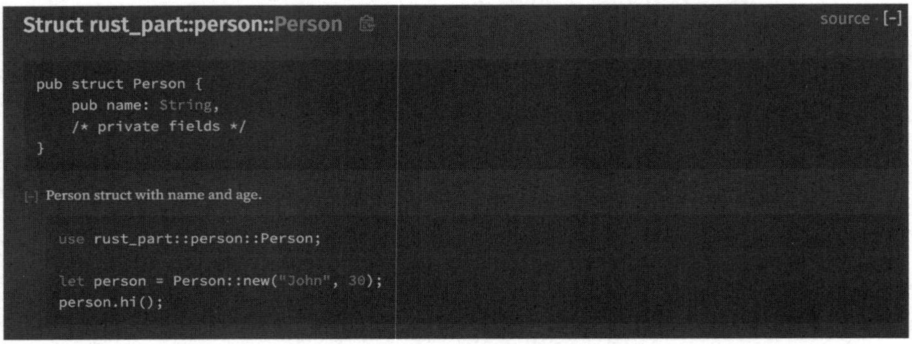

```
Struct rust_part::person::Person 📋                                    source [-]

pub struct Person {
    pub name: String,
    /* private fields */
}

[-] Person struct with name and age.

    use rust_part::person::Person;

    let person = Person::new("John", 30);
    person.hi();
```

그림 14-2 Person 구조체 페이지

구조체 정의에 퍼블릭 필드만 나오는 것을 알 수 있습니다. 아까 작성한 예제 코드도 나타납니다. 이처럼 코드에 작성한 주석을 바로 문서로 만들 수 있는 것이 러스트의 큰 장점입니다.

마지막으로 문서 테스트만 실행하는 방법은 다음과 같습니다.

```
cargo test --doc
```

14.4 모킹

모킹mocking이란 테스트 환경에서 특정 기능을 흉내 내는 것입니다. 가령, 파일을 만들고 지우거나 API를 호출해 데이터를 받아오는 등의 기능은 소프트웨어 자체가 아닌 외부 기능에 의존해 테스트하기 까다로운 부분이 있습니다. 외부 기능에 의존적인 부분을 흉내 내서 대체하고, 나머지 기능들만 테스트하면 외부 기능의 오작동으로 테스트가 실패하는 것을 막을 수 있습니다.

파이썬에서는 모킹을 사용하기 위해 `pytest-mock` 플러그인이 자주 사용됩니다. 다음 명령어로 패키지를 추가합니다.

```
pip install pytest-mock
```

유닉스 파일 시스템에서 파일을 지우는 코드와 모킹을 사용해 테스트하는 코드는 다음과 같습니다. `mocker.patch`를 사용하면 임의의 객체를 원하는 대로 흉내 낼 수 있습니다. `os.remove`는 어떤 값도 리턴하지 않는 함수여서, 단순히 `mocker.patch`로 아무것도 리턴하지 않는 함수를 만들었습니다. 테스트 코드에서 `os.remove`가 호출되면 흉내 내는 함수가 대신 사용되기 때문에 테스트가 정상적으로 통과됩니다.

```python
import os

class UnixFS:
    @staticmethod
    def rm(filename):
        os.remove(filename)

def test_unix_fs(mocker):
    mocker.patch('os.remove')
    UnixFS.rm('file')
    os.remove.assert_called_once_with('file')
```

러스트에서의 모킹은 파이썬과는 매우 다르게 사용됩니다. 일반적으로 `mockall` 크레이트를 사용하는데, 파이썬과 달리 객체를 직접 모킹할 수 없기 때문에 (약간 번거롭지만) 외부 기능을 감싸는 구조체를 추가적으로 정의해야 합니다. 이때 구조체를 그냥 정의하면 실제 코드에 사용되는 구조체와 모킹된 구조체의 이름을 다르게 사용해야 해서 번거롭습니다. `mockall_double` 크레이트를 사용하면 하나의 이름으로 실제 코드와 테스트 코드에서 동시에 사용이 가능합니다. 구조체 이름이 `MyStruct`라면 테스트에서는 모킹된 구조체 `MockMyStruct`를 사용하는 식입니다. 하지만 `mockall_double` 덕분에 `MyStruct`를 사용해도 컴파일 타임에는 실제 구조체 대신 `MockMyStruct` 이 사용됩니다.

다음 명령어로 프로젝트에 두 크레이트를 추가합니다.

```
cargo add mockall mockall_double
```

폴더 구조를 다음과 같이 3개의 파일로 나눠 작성하겠습니다.

```
.
├── api.rs
├── fs.rs
└── main.rs
```

api.rs 파일에는 다음과 같이 코드를 작성합니다. fs_api 모듈에서는 내장 함수인 std::fs:: remove_file을 감싸는 remove_file 메서드가 있는 FS 구조체를 정의합니다. mockall::automock 은 테스트 코드에서 사용될 모킹된 MockFS 구조체를 자동으로 생성합니다.

```rust
use std::fs;

pub struct FS {}

#[allow(dead_code)]
#[cfg_attr(test, mockall::automock)]
impl FS {
    pub fn new() -> Self {
        Self {}
    }
    pub fn remove_file(&self, filename: &str) -> Result<(), std::io::Error> {
        fs::remove_file(filename)
    }
}
```

fs.rs 파일을 만들고 다음과 같이 코드를 작성합니다. mockall_double에서 #[double] 애트리뷰 트를 가져와 FS에 적용하면 실제 코드용 FS 구조체와 테스트용 MockFS 구조체가 상황에 맞게 자 동으로 적용됩니다. UnixFS 구조체는 단순히 FS 구조체를 감싸는 역할로, 파일을 제거하는 rm 메 서드를 정의하고 있습니다.

테스트 모듈에서 MockFs의 메서드 remove_file을 모킹할 때, 모킹된 함수가 할 행동을 expect_ remove_file에서 정의합니다. .with는 미리 정의된 예상 입력을 정의하는 부분으로, eq("file") 을 입력받아서 remove_file에 문자열 슬라이스 "file"이 입력될 때를 정의합니다. 다른 문자열이 입력된다면 해당 입력에 대한 모킹 함수가 없을 때 테스트가 실패합니다. returning은 모킹 함수 가 리턴값이 필요하다면 여기서 그 값을 리턴하는 클로저를 입력받습니다. remove_file은 Result 타입을 리턴하기 때문에 여기에 맞추어 클로저를 정의했습니다.

```rust
use mockall_double::double;

#[double]
use crate::api::FS;

pub struct UnixFS {}
```

```rust
impl UnixFS {
    pub fn rm(fs: &FS, filename: &str) -> Result<(), std::io::Error> {
        fs.remove_file(filename)
    }
}

#[cfg(test)]
mod test {
    use super::*;
    use mockall::predicate::eq;

    #[test]
    fn test_remove_file() {
        let mut fs = FS::default();

        fs.expect_remove_file()
            .with(eq("file"))
            .returning(|_| Ok(()));

        UnixFS::rm(&fs, "file").unwrap();
    }
}
```

`main.rs` 파일에는 다음과 같이 입력합니다.

```rust
mod api;
mod fs;

use mockall_double::double;

#[double]
use api::FS;
use fs::UnixFS;

fn main() {
    let fs = FS::new();
    if let Err(e) = UnixFS::rm(&fs, "file") {
        println!("Error: {}", e);
    };
}
```

`cargo run`으로 실행하면 실제로 파일이 없어 에러가 발생합니다. 하지만 `cargo test`는 모킹을 사용하기 때문에 문제없이 테스트가 통과됩니다.

```
running 1 test
test test::test_remove_file ... ok

test result: ok. 1 passed; 0 failed; 0 ignored; 0 measured; 0 filtered out; finished in 0.00s
```

15

파이썬 바인딩

러스트 코드를 파이썬에서 실행하는 방법인 **파이썬 바인딩**을 살펴보겠습니다. 러스트 코드를 파이썬에서 사용하기 위한 많은 도구들 중에서 가장 널리 사용되는 PyO3의 사용법을 알아봅니다.

15.1 파이썬 가상 환경 만들기

가상 환경

프로젝트 단위로 의존성이 관리되는 러스트와 달리, 파이썬은 하나의 글로벌 인터프리터 환경에 모든 패키지가 설치됩니다. 여러 프로젝트에서 같은 패키지를 재사용할 수 있다는 장점이 있지만, 프로젝트별로 다른 패키지 버전을 관리하는 일이 어려워지는 문제가 발생합니다.

가상 환경을 사용하면 프로젝트별로 격리된 파이썬 환경을 만들 수 있습니다. 덕분에 서로 다른 패키지 종속성이 있는 여러 프로젝트에서 패키지 간의 버전 충돌을 걱정하지 않고 작업할 수 있습니다. 파이썬에서 가상 환경을 생성하는 다양한 방법 중 **pipenv**를 사용하는 방법을 소개합니다.

pipenv

pipenv는 명령어 하나로 가상 환경의 생성, 삭제, 의존성의 추가, 삭제, 업데이트 등이 모두 가능한 편리한 도구입니다. pipenv는 프로젝트의 가상 환경에 패키지를 설치하거나 삭제할 때 Pipfile 파일에 패키지를 추가하거나 제거합니다. 또한 패키지 유효성을 검사할 때 사용되는 매우 중요한

Pipfile.lock을 생성합니다. Pipfile.lock은 가상 환경에 설치된 각 패키지의 정확한 버전을 기록하는 pipenv에 의해 생성된 파일입니다. 이를 통해 다른 개발자가 같은 버전의 패키지를 설치해 같은 환경을 재현할 수 있습니다.

pipenv를 사용하기 위해 패키지를 설치합니다.

```
pip install pipenv
```

파이썬 버전을 지정해서 가상 환경을 생성합니다. 새로운 폴더를 하나 생성해 가상 환경을 만들어 줍니다. 참고로 여기서는 파이썬 3.11 버전을 사용하지만 다른 버전을 사용해도 됩니다.

```
pipenv --python 3.11
```

생성된 가상 환경 셸로 진입하는 방법은 다음과 같습니다.

```
pipenv shell
```

가상 환경에 새로운 패키지를 설치합니다.

```
pipenv install requests
```

개발 단계에서만 사용되는 툴이라면 --dev 플래그를 추가합니다. 예를 들어 black과 같은 포매터 패키지는 실제 소스 코드에서는 쓰이지 않고 개발 단계에서만 사용되기 때문에 다음과 같이 설치할 수 있습니다.

```
pipenv install --dev black
```

결과적으로 일반 패키지 requests와 개발 패키지 black이 Pipfile에 구분돼 추가됨을 알 수 있습니다.

```
[[source]]
url = "https://pypi.org/simple"
verify_ssl = true
```

```
name = "pypi"

[packages]
requests = "*"

[dev-packages]
black = "*"

[requires]
python_version = "3.11"

[pipenv]
allow_prereleases = true
```

15.2 러스트 프로젝트 생성하기

파이썬 바인딩

파이썬 바인딩은 다른 프로그래밍 언어로 작성된 코드를 파이썬에서 사용하는 것을 의미합니다. 러스트의 파이썬 바인딩을 사용하면 파이썬에서 러스트로 코드를 사용할 수 있기 때문에 파이썬 코드의 특정 섹션을 러스트로 변환해서 속도를 높이고자 할 때 유용합니다.

파이썬에서 러스트 코드를 호출해 높은 성능 향상을 달성한 다양한 예시가 있습니다. 그중에서 유명한 몇 가지 패키지를 소개합니다.

- **orjson**: 매우 빠른 JSON 라이브러리
- **fastuuid**: 매우 빠른 UUID 생성 라이브러리
- **cryptography**: 빠르고 안전한 암호화 라이브러리

파이썬에서 러스트 바인딩을 생성하는 데 가장 널리 알려진 프로젝트는 **PyO3**입니다. Py03는 러스트로 파이썬 모듈을 작성하거나, 파이썬 런타임을 러스트 바이너리에서 호출하는 데 사용할 수 있습니다.

maturin

maturin은 최소한의 구성으로 러스트로 작성한 파이썬 패키지를 빌드할 수 있는 도구입니다. 가상 환경에 maturin을 개발 패키지로 추가합니다.

```
pipenv install maturin --dev
```

maturin으로 프로젝트를 시작합니다. -b 옵션을 주면 **PyO3**를 빌드 시스템으로 해서 프로젝트가 생성됩니다. 프로젝트명은 'fibonacci'로 지정합니다.

```
maturin init -b pyo3
```

▶ **실행 결과**

```
✨ Done! Initialized project /temp/python
```

프로젝트를 생성하면 다음과 같은 폴더 구조가 만들어집니다.

```
.
├── Cargo.lock
├── Cargo.toml
├── Pipfile
├── pyproject.toml
├── src
    └── lib.rs
```

Cargo.toml 파일에서 패키지와 라이브러리의 이름을 'fibonacci'로 변경합니다.

```
[package]
name = "fibonacci"
version = "0.1.0"
edition = "2021"

# See more keys and their definitions at https://doc.rust-lang.org/cargo/reference/manifest.html
[lib]
name = "fibonacci"
crate-type = ["cdylib"]
```

```
[dependencies]
pyo3 = { version = "0.16.5", features = ["extension-module"] }
```

`pyproject.toml` 파일에서도 프로젝트 이름을 'fibonacci'로 수정합니다.

```
[build-system]
requires = ["maturin>=0.13,<0.14"]
build-backend = "maturin"

[project]
name = "fibonacci"
requires-python = ">=3.7"
classifiers = [
    "Programming Language :: Rust",
    "Programming Language :: Python :: Implementation :: CPython",
    "Programming Language :: Python :: Implementation :: PyPy",
]
```

라이브러리 크레이트 만들기

러스트 코드를 작성합니다. 러스트 함수에 `#[pyfunction]` 애트리뷰트를 추가하면 PyO3는 해당 함수가 일반 파이썬 함수인 것처럼 파이썬에서 호출할 수 있는 코드를 생성합니다. 이를 활용해 `_run`을 감싸는 run 함수를 만들고 애트리뷰트를 추가했습니다. `_run` 함수는 n을 입력받아 피보나치 수열의 n번째 항을 구하는 함수입니다.

해당 run 함수를 파이썬에서 참조할 수 있도록 모듈에 추가해봅니다. `fibonacci` 함수에 `#[pymodule]` 애트리뷰트를 추가하면 이제 `fibonacci`라는 파이썬 모듈이 생성되고, `add_function` 메서드로 방금 만든 run 함수를 모듈에 추가합니다.

```
use pyo3::prelude::*;

fn _run(n: u64) -> u64 {
    match n {
        0 => 0,
        1 => 1,
        _ => _run(n - 1) + _run(n - 2),
    }
}

#[pyfunction]
```

```
fn run(n: u64) -> PyResult<u64> {
    Ok(_run(n))
}

/// A Python module implemented in Rust.
#[pymodule]
fn fibonacci(_py: Python, m: &PyModule) -> PyResult<()> {
    m.add_function(wrap_pyfunction!(run, m)?)?;
    Ok(())
}
```

15.3 파이썬에서 러스트 코드 실행하기

개발 모드로 빌드하기

완성된 패키지를 빌드하겠습니다. `maturin develop` 명령어를 사용하면, 러스트 패키지를 빌드한 다음 파이썬 가상 환경에 패키지를 자동으로 설치해줍니다. 이때 러스트 컴파일 타깃은 [unoptimized + debuginfo]인데, 빠른 개발을 위해 코드 성능보다는 컴파일 속도를 중요하게 생각한 옵션입니다.

```
$ maturin develop
 Found pyo3 bindings
 Found CPython 3.8 at /Users/.local/share/virtualenvs/ch14-4UzrGkRt/bin/python
   Compiling pyo3-build-config v0.16.5
   Compiling pyo3-ffi v0.16.5
   Compiling pyo3 v0.16.5
   Compiling fibonacci v0.1.0 (/tmp/python)
    Finished dev [unoptimized + debuginfo] target(s) in 12.64s
 Built wheel for CPython 3.8 to /var/folders/74/l6jhlmk114g8kx1pzz2s9fm80000gn/
T/.tmpBh1Xiw/fibonacci-0.1.0-cp38-cp38-macosx_10_7_x86_64.whl
   Installed fibonacci-0.1.0
```

main.py 파일을 만들고, 다음 코드를 추가합니다. `fibonacci` 패키지에서 러스트로 구현한 함수 run을 불러올 수 있습니다. 러스트 코드와 같은 기능인 파이썬으로 피보나치 수열의 n번째 항을 구하는 함수 pyrun을 추가해 러스트 구현체와 성능을 비교해봅니다.

▶ **파이썬**

```python
import time

from fibonacci import run


def pyrun(n: int):
    if n < 2:
        return n

    return pyrun(n - 1) + pyrun(n - 2)


N = 35

start = time.time()
result = pyrun(N)
print(f"python: {time.time()-start:.2f}, result: {result}")
start = time.time()
result = run(N)
print(f"rust: {time.time()-start:.2f}, result: {result}")
```

▶ 실행 결과

```
$ python main.py
python: 3.13, result: 9227465
rust: 0.10, result: 9227465
```

러스트 코드가 매우 빠르게 작동하는 것을 알 수 있습니다. 하지만 개발 모드로 빌드했다는 점을 기억하시나요?

릴리스 모드로 빌드하기

빌드 옵션을 --release로 주면, 러스트 코드를 최대한 최적화해서 컴파일한 바이너리가 패키지로 만들어집니다. 컴파일 타깃이 [optimized]인 것을 알 수 있습니다.

```
$ maturin build --release
🔗 Found pyo3 bindings
🐍 Found CPython 3.8 at /Users/.local/share/virtualenvs/temp-nO4s4P8m/bin/python3
   Compiling target-lexicon v0.12.4
   Compiling once_cell v1.13.1
   Compiling proc-macro2 v1.0.43
   Compiling libc v0.2.132
   Compiling quote v1.0.21
   Compiling unicode-ident v1.0.3
   Compiling syn v1.0.99
   Compiling autocfg v1.1.0
   Compiling parking_lot_core v0.9.3
   Compiling cfg-if v1.0.0
   Compiling smallvec v1.9.0
   Compiling scopeguard v1.1.0
   Compiling unindent v0.1.10
   Compiling indoc v1.0.7
   Compiling lock_api v0.4.7
   Compiling pyo3-build-config v0.16.5
   Compiling parking_lot v0.12.1
   Compiling pyo3-ffi v0.16.5
   Compiling pyo3 v0.16.5
   Compiling pyo3-macros-backend v0.16.5
   Compiling pyo3-macros v0.16.5
   Compiling fibonacci v0.1.0 (/Users/code/temp)
    Finished release [optimized] target(s) in 20.61s
📦 Built wheel for CPython 3.8 to /tmp/python/target/wheels/fibonacci-0.1.0-cp38-cp38-macosx_10_7_x86_64.whl
```

파이썬 코드를 그대로 실행하면 최적화된 패키지로 실행이 가능합니다. 파이썬보다 약 100배 이상 빠르고, 개발 모드 빌드보다는 약 3배 가량 빨라진 것을 알 수 있습니다.

▶ 실행 결과

```
$ python main.py
python: 3.03, result: 9227465
rust: 0.03, result: 9227465
```

15.4 PyO3와 GIL

단일 스레드 환경에서 러스트 코드를 실행하는 예제를 살펴봤습니다. 하지만 파이썬 GIL을 우회하는 러스트 패키지를 만들기 위해서는 멀티스레드 환경에서 러스트 코드를 실행해봐야 합니다. 이를 살펴보기 위해서 새로운 프로젝트 gil을 생성합니다.

```
maturin init -b pyo3
```

GIL 획득과 해제

PyO3의 `py.allow_threads` 메서드는 러스트에서 클로저를 실행하는 동안 GIL을 일시적으로 해제할 수 있습니다. 파이썬과 데이터를 주고받을 필요가 없고, 동시에 파이썬이 다른 스레드에서 코드를 병렬적으로 실행하려 할 때 유용합니다.

GIL을 획득한 상태로 특정 작업을 수행해야 할 때는 `Python::with_gil` 메서드를 사용하면 명시적으로 GIL을 획득하고 해제할 수 있습니다.

다음 코드의 `_double_list`는 러스트에서 벡터의 원소를 2배로 만드는 역할을 합니다. `double_list`에서는 파이썬에서 리스트를 받아온 다음 `py.allow_threads`로 GIL을 해제하고 `_double_list`를 실행합니다. GIL이 해제됐기 때문에 러스트에서 1초를 대기하는 동안 파이썬 코드가 실행될 수 있습니다.

```rust
use std::thread;
use std::time::Duration;

use pyo3::prelude::*;
```

```rust
use pyo3::types::PyList;

fn _double_list(nums: Vec<i32>) -> Vec<i32> {
    println!("Rust: Release GIL");
    println!("Rust: Wait 1 sec");
    thread::sleep(Duration::from_secs(1));
    let result = nums.into_iter().map(|n| n * 2).collect();
    println!("Rust: Resume thread");
    result
}

#[pyfunction]
fn double_list(py: Python, list: &PyList) -> Py<PyAny> {
    println!("Rust: Acquire GIL");
    let list = list.extract::<Vec<i32>>().unwrap();
    let nums = py.allow_threads(|| _double_list(list));

    println!("Rust: Acquire GIL");
    return nums.into_py(py);
}

#[pymodule]
fn gil(_py: Python, m: &PyModule) -> PyResult<()> {
    m.add_function(wrap_pyfunction!(double_list, m)?)?;

    Ok(())
}
```

파이썬에서 동일하게 원소를 2배로 만드는 함수를 만들었습니다. 2개의 스레드를 만들어 러스트와 파이썬의 함수를 각각 실행시킵니다. 러스트 스레드가 실행되다가 GIL을 해제하고 1초를 기다리는 동안 파이썬 스레드가 먼저 종료됨을 알 수 있습니다.

```python
import threading

from gil import double_list


def double_list_py(list):
    print("Py: Acquire GIL")
    return [x * 2 for x in list]


nums = [1, 2, 3]
result1 = []
```

```
result2 = []

t1 = threading.Thread(target=lambda : print(f"Rust: {double_list(nums)}"))
t2 = threading.Thread(target=lambda : print(f"Py: {double_list_py(nums)}"))

t1.start()
t2.start()

t1.join()
t2.join()
```

▶ 실행 결과

```
Rust: Acquire GIL
Rust: Release GIL
Rust: Wait 1 sec
Py: Acquire GIL
Py: [2, 4, 6]
Rust: Resume thread
Rust: Acquire GIL
Rust: [2, 4, 6]
```

연습문제 정답

2.8 연습문제

▶ 1

```
error[E0384]: cannot assign twice to immutable variable x
 --> src/main.rs:3:5
  |
2 |     let x = 1;
  |         -
  |         |
  |         first assignment to x
  |         help: consider making this binding mutable: mut x
3 |     x = 2;
  |     ^^^^^ cannot assign twice to immutable variable

For more information about this error, try rustc --explain E0384.
```

불변 변수에는 새로운 값을 할당할 수 없기 때문에 에러가 발생합니다.

▶ 2

실행 결과

```
error[E0384]: cannot assign twice to immutable variable x
 --> src/main.rs:4:5
  |
```

```
2 |     let x = 1;
  |         -
  |         |
  |         first assignment to x
  |         help: consider making this binding mutable: mut x
3 |     let y = 2;
4 |     x += y;
  |     ^^^^^^ cannot assign twice to immutable variable

For more information about this error, try rustc --explain E0384.
```

불변 변수에는 새로운 값을 할당할 수 없기 때문에 에러가 발생합니다.

▶ 3

```
fn main() {
    let x = 1.2;
    let y = x;
    let z = 2;
    println!("y + z = {}", y as i32 + z);
}
```

▶ 4

```
const PI: f64 = 3.14;

fn main() {
    println!("원주율: {}", PI);
}
```

3.6 연습문제

▶ 1

```
fn multiply_numbers(a: i32, b: i32) -> i32 {
    a * b
}

fn main() {
    let result = multiply_numbers(3, 4);
    println!("The product of 3 and 4 is: {}", result);
}
```

```
fn main() {
    let multiply_numbers = |a: i32, b: i32| -> i32 { a * b };

    let result = multiply_numbers(3, 4);
    println!("The product of 3 and 4 is: {}", result);
}
```

4.6 연습문제

▶ 1

```
fn check_sign(n: i32) {
    if n > 0 {
        println!("positive")
    } else {
        println!("negative")
    }
}

fn main() {
    check_sign(3);
}
```

▶ 2

```
fn main() {
    for i in 1..=3 {
        for _ in 1..=i {
            print!("*");
        }
        println!();
    }
}
```

▶ 1

```rust
fn take_ownership(s: String) -> String {
    println!("{}", s);
    s
}

fn main() {
    let s1 = String::from("hello, world");
    let s2 = take_ownership(s1);

    println!("{}", s2);
}
```

▶ 2

```rust
fn main() {
    let x = String::from("hello, world");
    let y = &x;
    println!("{},{}",x,y);
}
```

▶ 3

```rust
fn main() {
    let mut s = String::from("hello, ");

    borrow_object(&mut s);

    println!("Success!");
}

fn borrow_object(s: &mut String) {
    println!("{}", s);
}
```

move 키워드로 인해 환경 캡처된 변수의 소유권이 클로저 안으로 이동해서 이후에 해당 값을 재사용할 수 없습니다. 이런 경우 clone을 사용해 값을 복제해서 해결할 수 있습니다.

```rust
fn main() {
    let mut name = "🙈".to_string();
    let new_name = name.clone();

    let mut inc1 = move || {
        name.push_str("🖤");
        println!("{}", name);
    };

    inc1();

    let mut name = new_name;
    let mut inc2 = move || {
        name.push_str("🦀");
        println!("{}", name);
    };

    inc2();
}
```

```rust
fn factory() -> impl Fn(i32) -> i32 {
    let num = 5;

    move |x| x + num
}

fn main() {
    println!("{}", factory()(1));
}
```

▶ 1

```rust
use std::collections::HashMap;

fn main() {
    let fruits = vec!["apple", "banana", "apple", "banana", "orange", "pear", "orange"];

    let mut counts: HashMap<&str, i32> = HashMap::new();

    for fruit in fruits {
        let count = counts.entry(fruit).or_insert(0);
        *count += 1;
    }

    println!("{:?}", counts);
}
```

▶ 2

```rust
fn divide(numerator: f64, denominator: f64) -> Result<f64, &'static str> {
    if denominator == 0.0 {
        Err("Cannot divide by zero")
    } else {
        Ok(numerator / denominator)
    }
}

fn main() {
    let result = divide(2 as f64, 3 as f64);

    match result {
        Ok(x) => println!("Result: {}", x),
        Err(e) => println!("Error: {}", e),
    }
}
```

▶ 3

```rust
fn get_square_root(number: f64) -> Option<f64> {
  if number >= 0.0 {
    Some(number.sqrt())
  } else {
    None
```

```
    }
}
```

▶ 4

```
fn main() {
    let nums: Vec<i32> = vec![1, 2, 3];

    let maps: Vec<i32> = nums.iter().map(|x| x * 2).collect();
    println!("{:?}", maps);
}
```

▶ 5

```
fn main() {
    let nums: Vec<i32> = vec![1, 2, 3];

    let filters: Vec<i32> = nums.into_iter().filter(|x| x % 2 == 0).collect();
    println!("{:?}", filters);
}
```

7.3 연습문제

▶ 1

```
struct Calculator {
    value: i32,
}

impl Calculator {
    fn new() -> Self {
        Self { value: 0 }
    }

    fn add(&mut self, num: i32) {
        self.value += num;
    }

    fn subtract(&mut self, num: i32) {
        self.value -= num;
    }
}
```

▶ **1**

```rust
use std::cell::RefCell;
use std::fmt::Display;
use std::rc::Rc;
use std::vec::Vec;

type Wrapper<T> = Rc<RefCell<T>>;

fn wrap<T>(data: T) -> Wrapper<T> {
    Rc::new(RefCell::new(data))
}

#[derive(Debug)]
struct Node<T> {
    data: T,
    children: Vec<Wrapper<Node<T>>>,
}

impl<T: Display> Node<T> {
    fn add_child(&mut self, child: Wrapper<Node<T>>) {
        self.children.push(child);
    }

    fn new(data: T) -> Node<T> {
        Node {
            data,
            children: Vec::new(),
        }
    }

    fn depth_first(&self) {
        println!("node {}", self.data);
        for child in self.children.iter() {
            child.borrow().depth_first();
        }
    }
}

fn main() {
    let a = wrap(Node::new('A'));
    let b = wrap(Node::new('B'));
    let c = wrap(Node::new('C'));
    let d = wrap(Node::new('D'));
```

```
    a.borrow_mut().add_child(Rc::clone(&b));
    a.borrow_mut().add_child(Rc::clone(&c));
    b.borrow_mut().add_child(Rc::clone(&d));
    a.borrow_mut().depth_first();
}
```